# El ágora de la neuroeducación
## La neuroeducación explicada y aplicada

UNIVERSITAT DE BARCELONA

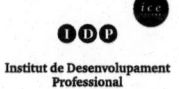

Institut de Desenvolupament Professional

CÁTEDRA DE NEUROEDUCACIÓN UB-EDU1ST
Para una vida equilibrada y con propósito

Laia Lluch e Iolanda Nieves de la Vega
(coords.)

# El ágora de la neuroeducación

La neuroeducación explicada y aplicada

Título: *El ágora de la neuroeducación. La neuroeducación explicada y aplicada*

Primera edición (digital): octubre de 2019
Primera edición (papel): enero de 2020

© Laia Lluch Molins y Iolanda Nieves de la Vega (coords.)

© De esta edición:
Ediciones Octaedro, S.L.
Bailén, 5 - 08010 Barcelona
Tel.: 93 246 40 02
octaedro@octaedro.com
www.octaedro.com

Universitat de Barcelona
Institut de Desenvolupament Professional (IDP-ICE)
Passeig de la Vall d'Hebron, 171
Campus Mundet - 08035 Barcelona
Telèfon: 93 403 51 75
www.ub.edu/ice

ISBN (digital): 978-84-17667-86-3
ISBN (papel): 978-84-17667-86-3

Depósito legal: B 2164-2020

Diseño y producción: Servicios Gráficos Octaedro
Compaginación: José Carlos Ángel Castel

Impresión: Prodigitalk

Impreso en España - *Printed in Spain*

# SUMARIO

Prólogo .................................................... 11
— Iolanda Nieves de la Vega, Laia Lluch

Presentación: El ágora de la neuroeducación ................ 15
— Iolanda Nieves de la Vega, Laia Lluch

1. Genes y plasticidad neural: educando el futuro .......... 17
   — David Bueno i Torrens

2. El desarrollo del pensamiento crítico y las funciones ejecutivas  31
   — Gilberto Pinzón, Ana María Fernández

3. Importancia del vínculo en el aprendizaje y calidad de
   vida: nacidos para conectar y compartir ................. 43
   — Marta Ligioiz Vázquez

4. Neurodesarrollo y cognición moral: entre el origen y la cultura  55
   — Ana Victoria Poenitz

5. El autoconocimiento nos proyecta a la acción saludable .. 63
   — Rosa Casafont i Vilar

6. Neurociencia social en el aula: bases neurocognitivas
   para la interacción social .............................. 79
   — Fabián Román

7. El cerebro ejecutivo en el aula: de la teoría a la práctica ... 93
   — Jesús C. Guillén

8. Propuesta en acción 1 – Cognición matemática: de la
   evidencia científica a la práctica fundamentada ......... 103
   — Sandra Torresi

9. Propuesta en acción 2 – El juego desde la perspectiva neuroeducativa: de la pedagogía Montessori a la gamificación educativa .................... 113
— José Luis Redondo Prieto

10. Propuesta en acción 3 – La diferencia entre «no sé hacerlo» y «no sé hacerlo todavía»: herencia, entorno y mentalidad de crecimiento para el aprendizaje ............ 123
— Iolanda Nieves de la Vega, Noemí Royes

11. Experiencia 1 – La educación musical mejora la fluidez y la comprensión lectora: estudio de correlación entre ritmo y lectura en niños de 11-12 años ................ 135
— Elisabet Carbonell Pujol, Anna Carballo-Marquez

12. Experiencia 2 – Promoviendo la igualdad y trabajando las funciones ejecutivas: los «clubs del patio» ............ 147
— María José Codina Felip

13. Experiencia 3 – Un cambio de mirada: neurociencia y escuela activa .................... 161
— Montserrat L. Mozo Fornari

14. Experiencia 4 – ESCORED como herramienta en línea de colaboración docente .................... 171
— Desiré García Lázaro, Raquel Garrido Abia, Miguel Ángel Marcos Calvo, Marta Gómez Gómez

15. Experiencia 5 – Actividad física y funciones ejecutivas durante la infancia desde una perspectiva educativa .......... 179
— Marc Guillem Molins, David Bueno i Torrens

16. Experiencia 6 – El trabajo de la autoestima y los valores en el aprendizaje basado en proyectos en Secundaria . 187
— Anna Torras Galán, Silvia Lope Pastor, Mar Carrió Llach

17. Experiencia 7 – «Esquitxant neurociencia»: una experiencia desde la neuroeducación con familias en situación de vulnerabilidad en el Casc Antic de Barcelona .... 193
— Àngels Gaya Quiñonero, Estel Salomó Jornet

18. Experiencia 8 – El rol del profesor dentro de la perspectiva de la neuroeducación ............................ 203
— Jolié Mc Guire Aros

19. Experiencia 9 – Deporte y función sináptica neuronal: «moverse y pensar», influencia del ejercicio físico en la atención, la memoria y el cálculo en alumnos escolares de 6 y 7 años ............................................. 211
— Gabriel Díaz Cobos, Àngels García Cazorla, Anna López Sala, Joan Aureli Cadefau

20. Experiencia 10 – ¿Por qué nos emociona la música? Una actualización de la cuestión ........................... 221
— Salvador Oriola Requena, Josep Gustems Carnicer

21. El futuro de la neuroeducación o algunas preguntas para futuras respuestas ....................................... 227
— Carme Trinidad, Teresa Hernández, Anna Forés

Anexo I: Visual Thinking ............................................. 237
— Lucía López

Índice ............................................................... 251

# PRÓLOGO

— Iolanda Nieves de la Vega
— Laia Lluch Molins

*En algún lugar algo increíble está esperando ser descubierto.*

Carl Sagan

Estamos viviendo momentos de reflexión en el ámbito educativo, de cambios en los que se están cuestionando modelos y marcos mentales, repensando conceptos, metodologías y poniendo en cuestión nuestras propias creencias. La aparición de Internet y la accesibilidad inmediata a lo que nos rodea ha transformado la manera como las personas tenemos acceso a la información, al conocimiento, y el modo en que interactuamos.

La comunidad educativa ha iniciado un viaje hacia la búsqueda de nuevas miradas, nuevos caminos por los que transitar, nuevas evidencias y propuestas para mejorar la educación, y estamos convencidos de que una de las claves para lograrlo es entender cómo aprenden las personas. Los avances científicos, en concreto los trabajos neurocientíficos, pretenden indagar, entre otras cosas, acerca de cómo aprendemos, de la importancia del vínculo y del impacto de las emociones en el aprendizaje, y ponen de manifiesto que los métodos tradicionales, centrados en la transmisión de información, están lejos de abrir la puerta al aprendizaje significativo y dejan de lado aspectos que hoy sabemos que son relevantes y esenciales para el proceso de enseñanza-aprendizaje.

En esta búsqueda, y con la cita inicial de este prólogo, nos gustaría que nos acompañarais en esta aventura hacia lo desconocido, hacia lo increíble, hacia el descubrimiento de evidencias, de formas alternativas de pensar y de hacer, y de experiencias llevadas a cabo en el marco de la educación.

En este escenario educativo actual, donde la neurociencia demuestra que se produce aprendizaje a lo largo de la vida, y teniendo muy presente que vivimos en la era de la inmediatez y la precisión de la información, se trata de responder desde la educación al mundo dinámico e imprevisible y de preguntarnos por qué y para qué estamos preparando a nuestros alumnos y a nosotros mismos. El mundo es complejo y diverso y nos exige en todos los ámbitos flexibilidad, creatividad y pensamiento crítico a fin de adaptarnos a un entorno profundamente cambiante; por ello, resulta indispensable que nos comprometamos con la tarea de repensar el sentido y la función de la educación en la época actual. Vivimos en el momento en que saber conocer, saber ser, saber hacer y saber convivir, además de adaptarse y crear sociedades futuras, resulta esencial, y los profesionales de la educación tenemos mucho por aportar. Cada vez es más necesario partir del autoconocimiento, acompañar el camino del yo al nosotros y visualizar otras perspectivas, entender diferentes formas de relacionarnos e inventar nuevas formas de incluir a toda la comunidad educativa, sabiendo tomar decisiones más informadas, aprendiendo de forma colaborativa para co-construir y compartir conocimiento, potenciando determinadas competencias y desarrollando nuevas habilidades.

En este marco en constante ebullición, movidos por la identificación y búsqueda de descubrimiento, en conversaciones formales e informales dentro y fuera de la Universidad de Barcelona, surgió la necesidad de crear un espacio de intercambio y reflexión a la manera del ágora griega, a modo de plaza pública.

Así nace, con vocación de ágora, el I Congreso Internacional de Neuroeducación: «Dialogando y compartiendo miradas para mejorar la educación», en el cual destaca el placer de dialogar, de conversar, de aprender haciendo, de establecer vínculos y lazos de comunicación que, como dice David Bueno, «modifiquen nuestro cableado neuronal», con mentalidad de crecimiento..., porque el cerebro humano es un cerebro social en continua acción. Una ágora, lugar de asamblea, de reunión y de discusión, que se ha visto consolidada con la reciente creación de la Cátedra de Neuroeducación de la Universidad de Barcelona y Education 1st (UB-EDU1ST), primera en el mundo dedicada exclusivamente a esta temática.

Y así, recogiendo la etimología de la palabra *diálogo*, remontándonos a sus raíces griegas: *logos* ('palabra', 'expresión') y el prefijo *dia* ('a través de'), entenderemos por *diálogo* el descubrimiento compartido del conocimiento a través del significado de las palabras. La imagen que nos proporciona el origen etimológico de este término sugiere la existencia de una corriente de significado que fluye entre, dentro y a través de las personas implicadas.

Es gracias a ese diálogo entre personas de diferentes ámbitos y experiencias, y a través de las evidencias de conocimiento compartido y de reflexión, como a continuación podemos presentaros capítulos y experiencias que fueron posibles a partir de ponencias, pósteres, mesas redondas, debates, reflexiones y talleres llevados a cabo por parte de profesionales de toda la comunidad educativa.

Es momento, también, de agradecer a los más de 450 profesionales que se reunieron el mes de mayo de 2018 en el I Congreso Internacional de Neuroeducación, con la participación de ponentes de prestigio internacional implicados en el campo de la neurociencia y la educación. Así como también a todo el comité organizador, entre los cuales está el Institut de Desenvolupament Professional-Institut de Ciències de l'Educació (IDP-ICE) de la Universitat de Barcelona, y el grupo de investigación Entorns i Materials per a l'Aprenentatge (GR-EMA). Gracias a todos y cada uno de vosotros por vuestro tiempo y dedicación para dialogar y dar a conocer nuevas miradas con vistas a mejorar la educación, y especialmente a quienes habéis colaborado para que esta publicación sea posible, por vuestra generosidad y voluntad de compartir.

# PRESENTACIÓN: EL ÁGORA DE LA NEUROEDUCACIÓN

— Iolanda Nieves de la Vega
— Laia Lluch Molins

Este libro nace con la voluntad de ofrecer una perspectiva que nos acerque a conocer y reflexionar sobre la neurociencia y cómo está emergiendo en el ámbito educativo. Somos conscientes del momento de reflexión pedagógica en el cual estamos inmersos, pues se están produciendo grandes transformaciones a nivel social, cultural, económico y, más concretamente, en el ámbito de la educación en el sentido más amplio, con las cuales se está imprimiendo un nuevo rumbo a la práctica docente.

A partir del I Congreso Internacional de Neuroeducación, celebrado en Barcelona en mayo de 2018, con más de 450 profesionales que dialogaron y compartieron miradas para mejorar la educación, nos planteamos cómo está contribuyendo la neuroeducación a la mejora de las políticas y las prácticas educativas; cómo mejorar esas prácticas sustentadas por la neuroeducación; cuál es el estado actual de la investigación acerca de la neurociencia, tanto en lo relativo a su difusión y a la transferencia de resultados como a qué innovaciones se están realizando apoyadas desde la neurociencia en la neuroeducación. Algunas de las respuestas a estas cuestiones son el fruto que nos permite presentaros esta significativa publicación.

Este es un libro coral, atendiendo al hecho de que nos hemos propuesto recoger los trabajos, las investigaciones y las prácticas a través de las voces de profesionales y expertos vinculados al campo de la neuroeducación. No consiste, pues, en un libro que exija una lectura secuencial predefinida, aunque guarda una cierta lógica de coherencia interna.

Por un lado, encontramos relevante mostrar capítulos de la mano de David Bueno; Gilberto Pinzón y Ana María Fernández; Marta Ligioiz; Ana Victoria Poenitz; Rosa Casafont; Fabián Román; y Jesús C. Guillén, referentes en el ámbito educativo acerca de tendencias en la neuroeducación, quienes analizan desde distintos contextos sus contribuciones neuroeducativas. En esta línea, la primera parte de esta publicación recoge un contenido de carácter teórico e investigador.

Todos estos contenidos, en formato de capítulo, se complementan con propuestas en acción que han sido recogidas gracias a las contribuciones, asociadas a la neuroeducación, de Sandra Torresi, José Luis Redondo, Iolanda Nieves de la Vega y Noemí Royes. Esta segunda parte combina aspectos teóricos con propuestas de acción en el ámbito educativo.

Asimismo, se muestran experiencias prácticas e investigaciones llevadas a cabo directamente en una diversidad y pluralidad de contextos educativos, las cuales han sido recopiladas gracias a las contribuciones, en torno a la neuroeducación, realizadas por Elisabet Carbonell y Anna Carballo; María José Codina; Montserrat L. Mozo; Desiré García, Raquel Garrido, Miguel Ángel Marcos, Marta Gómez; Marc Guillem y David Bueno; Anna Torras, Silvia Lope, Mar Carrió; Àngels Gaya y Estel Salomó; Jolié Mc Guire; Gabriel Díaz, Àngels García, Anna López y Joan Aureli; y Salvador Oriola y Josep Gustems.

Para acabar se ofrece, gracias a la contribución de Carme Trinidad, Teresa Hernández y Anna Forés, un capítulo final con algunos retos de futuro y preguntas abiertas acerca de la neuroeducación.

En su conjunto, por la voluntad de representar un ágora pública, por ser el resultado de la co-construcción a partir de la vocación educativa de un considerable número de profesionales, y por su carácter novedoso, reflexivo y práctico, esta obra pretende ampliar y ensanchar los caminos en la forma de entender la educación.

# 1. GENES Y PLASTICIDAD NEURAL: EDUCANDO EL FUTURO

— David Bueno i Torrens

## Resumen

El cerebro es el órgano del pensamiento. Todas las funciones mentales y todos los aspectos del comportamiento humano, entre los cuales se incluye el aprendizaje, surgen de la actividad del cerebro. Las conexiones neurales que generan y apoyan las funciones mentales se forman durante toda la vida, lo que permite el aprendizaje permanente de nuevos conceptos y habilidades. Tanto la formación como la función cerebral, así como su plasticidad, están influenciados por la actividad de múltiples genes y por modificaciones epigenéticas, que contribuyen a la regulación de la expresión génica en función del ambiente. En este capítulo se analiza la contribución genética y epigenética a aspectos mentales relacionados con los procesos de aprendizaje, en términos de heredabilidad. Se argumenta que, a pesar de que todos los aspectos relacionados con el aprendizaje poseen un trasfondo genético, las habilidades innatas se pueden potenciar o disminuir a través de los procesos educativos, que influyen directamente en la plasticidad neural que sustenta los aprendizajes y el resto de los aspectos del comportamiento. La conclusión es que, a pesar de la heredabilidad genética que muestran los procesos cerebrales asociados con el aprendizaje, la práctica educativa constituye una contribución clave e insustituible para formar personas transformadoras que puedan y quieran aprovechar sus capacidades al máximo.

**Palabras clave:** ambiente, epigenética, genoma, heredabilidad, plasticidad neural.

# 1. Introducción

A pesar de que el cerebro es capaz de aprender nuevas habilidades y conceptos a lo largo de la vida interactuando dinámicamente con el entorno, el aprendizaje es una tarea compleja, con muchas capacidades cognitivas involucradas. Desde la perspectiva educativa, el objetivo de la educación debe ser optimizar las habilidades cognitivas en un entorno dinámico e imprevisible, es decir, teniendo en cuenta los aspectos sociales y culturales y contribuyendo a la formación de personas capaces de transformarse a sí mismas a través de nuevos aprendizajes activos y autodirigidos a lo largo de su vida, predispuestas a mejorar sus habilidades y conocimientos en cualquier dirección que elijan, hasta los límites de lo posible, y así crecer intelectual y emocionalmente. En otras palabras, contribuir a formar personas que puedan y quieren aprovechar al máximo sus capacidades.

El cerebro se forma durante el desarrollo embrionario y fetal bajo la dirección de programas genéticos específicos (véanse Redolar, 2013, 2018, y Bueno, 2016, 2019a, para descripciones generales de la formación y el funcionamiento fisiológico del cerebro), pero continúa construyendo y reconstruyendo su conectoma, es decir, el mapa de conexiones neuronales, durante toda la vida. Este proceso de plasticidad neuronal (o plasticidad sináptica, puesto que las conexiones neuronales se denominan *sinapsis*) constituye la base celular del aprendizaje.

Desde la perspectiva psicológica, la capacidad de aprender requiere muchas capacidades cognitivas diferentes. Las capacidades cognitivas son habilidades mentales que se utilizan en el proceso de adquirir conocimiento, como la memoria de trabajo, la atención, la motivación, la capacidad de recuperación de datos, la inteligencia y las funciones ejecutivas de control cognitivo, entre otras, las cuales se sustentan en la conectividad de diversas áreas del cerebro. Tanto en la construcción del cerebro como en el funcionamiento de sus neuronas intervienen multitud de genes y de programas genéticos, por lo que estos elementos básicos de la biología deben ejercer, como mínimo, una cierta influencia sobre las habilidades y los procesos cognitivos.

## 2. El genoma humano

El genoma humano está formado por unos 20.300 genes, cuya función es determinar o influir en las características biológicas de cada individuo, incluidas las facultades mentales y capacidades cognitivas. Todos los genes pueden presentar distintas variantes genéticas (o *alelos*, en terminología científica), lo que se traduce en pequeñas diferencias en su funcionamiento que pueden quedar reflejadas en la característica biológica que controlan. Todas las personas presentan estos genes por duplicado, la mitad heredada por vía materna y la otra mitad por vía paterna, y las variantes génicas de cada par de genes pueden iguales o diferentes.

Toda esta combinatoria es la base de la gran diversidad humana, que hace que virtualmente no pueda haber dos personas genéticamente idénticas (a excepción de los gemelos). Así, de la misma manera que algunas personas tienen los ojos verdes y otras los tienen marrones o azules, las variaciones individuales debidas a influencias genéticas también influyen en los rasgos psicológicos y las capacidades cognitivas. En este contexto, se han identificado más de 850 genes asociados a las funciones cognitivas generales y más de 730 genes que se asocian a distintos aspectos del temperamento (véase Bueno, 2019b, para una revisión general).

Por citar uno de los muchos ejemplos disponibles, se conoce un gen denominado *COMT*, que codifica la enzima responsable del reciclaje de neurotransmisores como la dopamina, cuyas distintas variantes génicas influyen en aspectos centrales de los aprendizajes como la motivación, la sensación de recompensa y la memoria de trabajo. Se conoce un sistema alélico del gen *COMT*, conocido como *Val158Met*, que afecta a la actividad de los lóbulos prefrontales del cerebro. Esto hace que las personas con dos variantes *Met* tengan más predisposición a tener una mayor memoria de trabajo que las personas con dos variantes *Val*.

Sin embargo, a pesar de la existencia de influencias genéticas en todas las habilidades cognitivas asociadas con la capacidad de aprendizaje, resulta imposible hacer predicciones de forma individual. Hay tres motivos para ello: 1) la gran cantidad de genes involucrados, que interaccionan entre sí de forma compleja; 2) el hecho de que un mismo gen puede influir en diferentes dominios psicológicos, los cuales afectan también de forma diferencial las capacidades de aprendizaje según cada situación, y 3) la gran influencia que ejercen los factores ambientales sobre todas las funciones mentales, incluido el entorno social, cultural, familiar y educativo, que condicionan en gran medida la plasticidad sináptica, que a su vez es la base de la construcción de los circuitos neurales. Por ejemplo, se han identificado docenas de genes diferentes que influyen en la inteligencia, pero ninguno de ellos contribuye a más del 1 % del total de esta característica.

## 3. La heredabilidad de las capacidades cognitivas

La heredabilidad es una medida estadística que permite determinar cuánta variación de un rasgo biológico o de comportamiento se debe a diferencias genéticas. Y, por exclusión, cuánta variación se debe a diferencias ambientales, incluidos los factores educativos. Se da en porcentaje (%) o, alternativamente, en tanto por uno. La heredabilidad, sin embargo, no dice nada sobre qué genes están implicados ni sobre los factores ambientales que también intervienen. Sea como fuere, los niños no son una tabla rasa, como en otras épocas se había dicho. Están condicionados por su genoma, aunque el entorno, incluido el educativo, es el factor principal que les permite aprovechar al máximo sus capacidades, incluidas las intelectuales y emocionales.

Técnicamente, la heredabilidad se define como la proporción de la varianza en cualquier característica observable entre dos personas cualesquiera que esté asociada con alguna variación genética. Esta variación implica la existencia de variantes génicas que contribuyan de manera diferente a la característica analizada. Este concepto, con todo, puede ser fácilmente malinterpretado. Primero, la heredabilidad no es una propiedad de cada individuo, sino un parámetro estadístico de la población. Por lo tanto, solo puede usarse para describir el fenómeno y sus relaciones o efectos a escala poblacional. No puede decirse, por ejemplo, que el coeficiente intelectual de la persona X muestra una heredabilidad del 80 %. Sí puede decirse, en cambio, que en una población determinada el coeficiente intelectual presenta una heredabilidad del 80 %. Esto significaría que el 80 % de la varianza observada en esta característica entre dos personas cualesquiera de la población, y medida de una determinada manera, se debe a diferencias genéticas. Y, por consiguiente, que el 20 % restante ha de ser atribuido a diferencias ambientales. Las diferencias ambientales, además, engloban todos los aspectos sociales, culturales y educativos en los que se ha desarrollado y se encuentra esa persona, y también cualquier suceso azaroso de su vida que haya podido influir en sus funciones mentales.

En la tabla 1 se resume la heredabilidad de algunas de las principales características cognitivas de relevancia en los procesos educativos y de aprendizaje. Como puede observarse, el valor de heredabilidad puede resultar sorprendentemente elevado para algunas características que tradicionalmente se han relacionado sobre todo con factores educativos y ambientales, lo que requiere algunas explicaciones complementarias a fin de poder valorar su importancia relativa.

**Tabla 1.** Heredabilidad de algunas características mentales relacionadas con los procesos de aprendizaje.

| Característica | Heredabilidad (%) |
|---|---|
| Inteligencia | de 20 a 88, según la edad |
| Superdotación | 33 |
| Creatividad | de 8 a 62, según el test |
| Memoria de trabajo | de 39 a 72, según el test |
| Pensamiento experimental | 44 |
| Pensamiento racional | 34 |
| Resiliencia (adaptación positiva ante la adversidad) | 52 (hombres) 38 (mujeres) |
| Afrontamiento orientado a la emoción (como estrategia para superar la adversidad) | 14 |
| Afrontamiento orientado hacia tareas (como estrategia para superar la adversidad) | 11 |
| Atención | 28 |
| Funciones ejecutivas: control atencional, inhibición cognitiva, control inhibitorio, memoria de trabajo y flexibilidad cognitiva | de 29 a 72, según el proceso mental analizado |
| Control cognitivo | 49 |
| Coraje | 37 |
| Planificación | 53 |
| Cooperatividad | 13 |
| Procesamiento relacional | 67 |
| Literatura y aritmética | 68 |
| Musicalidad | de 21 a 51, según el test |
| Habilidad artística | 29 |
| Confianza | 30 |

Fuente: Bueno, 2019a.

Por un lado, la heredabilidad se expresa en una escala que varía de 0 % a 100 %. En esta escala, el valor de 0 % debe interpretarse como un rasgo en el que las diferencias observadas no están asociadas a ninguna variación genética, sino únicamente a diferencias ambientales. A la inversa, un valor de 100 % debe interpretarse como un rasgo en el que las diferencias observadas se asocian únicamente con la variación genética, pero no a diferencias ambientales. Este hecho, sin embargo, no significa que el entorno no sea importante. Debe tenerse en cuenta que la heredabilidad no es una medida de cuán sensible puede ser un rasgo a un cambio en el entorno. Así, por ejemplo, un rasgo puede tener una heredabilidad completa, es decir, del 100 %, y, aun así, verse drásticamente alterado por los cambios ambientales.

Por citar un ejemplo concreto, se conoce un trastorno metabólico, la fenilcetonuria, que produce discapacidad intelectual por la acumulación de un aminoácido, la fenilalanina, cuya heredabilidad es del 100 %. Esto es, depende únicamente de factores genéticos, en concreto de una mutación en un gen denominado *hidroxilasa de la fenilalanina*. Sin embargo, a pesar de que su heredabilidad sea del 100 %, una simple intervención dietética hace que las consecuencias sean insignificantes. Consiste en reducir la ingestión del aminoácido fenilalanina desde el nacimiento. Es decir, a través de un cambio ambiental, en este caso la dieta, no se manifiesta ningún tipo de discapacidad intelectual, a pesar de que la heredabilidad sea del 100 %.

Aplicado a un aspecto cognitivo cualquiera, como, por ejemplo, la capacidad de resiliencia, que tiene una heredabilidad del 52 %, no implica que la educación solo pueda afectar al 48 % de las diferencias totales de esta característica cognitiva. A través del entorno educativo se puede potenciar o disminuir en gran medida esta o cualquier otra capacidad cognitiva. Lo que nos dice esta heredabilidad es que, a igualdad de educación, habrá personas a quienes les resultará más sencillo que a otras ser resilientes sobre la base de las variantes génicas concretas a su genoma. Y también nos dice que la educación no puede ser igual para todas las personas, puesto que, para ser efectiva, debe adaptarse a sus características y predisposiciones, también las genéticas.

Por otro lado, la heredabilidad no es una medida estadística constante. La heredabilidad del coeficiente de inteligencia, por ejemplo, varía con la edad, desde el 22 % en la primera infancia hasta más de 80 % en la edad adulta (figura 1). El hecho de que la heredabilidad del coeficiente de inteligencia sea significativamente menor durante la infancia implica que el cerebro es mucho más maleable por el entorno a esa edad. Es decir, que las prácticas educativas y todos los condicionantes ambientales familiares, sociales y culturales ejercen un efecto mucho mayor sobre la plasticidad sináptica durante la infancia que durante la edad adulta. Es, por lo tanto, la época de mayor influencia de las prácticas educativas.

**Figura 1.** Cambios en la heredabilidad del coeficiente de inteligencia (CI) durante el desarrollo. Obsérvese que la heredabilidad es menor durante la infancia, lo que indica una mayor influencia de los aspectos ambientales como la educación y cualquier otra experiencia. Obsérvese también que durante la adolescencia se produce una ligera disminución de la heredabilidad, lo que concuerda con un incremento de la influencia educativa durante esta etapa vital.

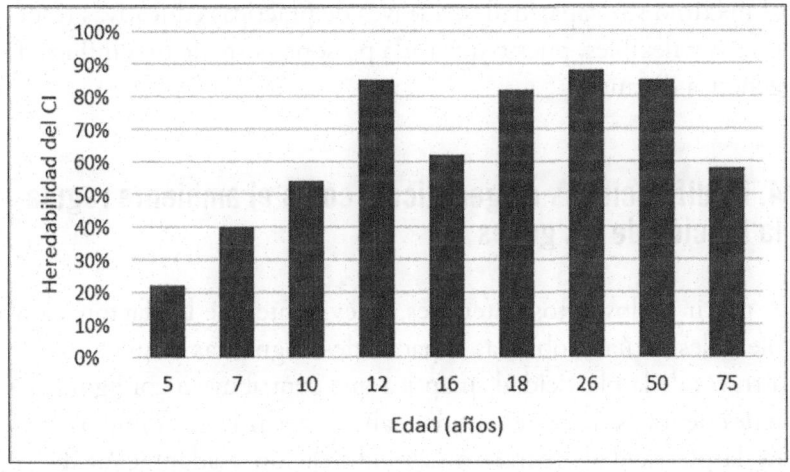

Fuente: Bueno, 2019a.

Finalmente, también se han detectado diferencias de heredabilidad en función del sexo (véanse algunos ejemplos en la tabla 1) debidas a la interacción de la función de algunos genes con las hormonas sexuales. Por ejemplo, la heredabilidad de la resiliencia en hombres es del 52 %, mientras que en las mujeres es del 35 %. No obstante, siempre se ha de tener en cuenta que la heredabilidad es una medida poblacional y que no se puede aplicar a personas individuales.

En resumen, a pesar de que la mayoría de los rasgos asociados a las capacidades cognitivas y de aprendizaje muestran una heredabilidad relativamente elevada, los factores ambientales también son significativos. En este sentido, siempre se debe tener presente que la heredabilidad refleja cuánta de la varianza puede atribuirse a las diferencias genéticas dentro de una población, pero no mide cuán sensible es un rasgo a un cambio en el entorno. Y, en clave educativa, implica que a través de la educación se puede alterar drásticamente cualquiera de estos rasgos cognitivos en una persona. Así, el papel crucial de los profesionales de la educación es maximizar las habilidades de los estudiantes para permitirles aprovechar al máximo sus capacidades, a través de prácticas educativas respetuosas y flexibles, puesto que cada persona parte de una influencia genética distinta.

## 4. Modificaciones epigenéticas: cómo el ambiente regula la función de los genes

A partir de los datos anteriores, es evidente que los factores ambientales actúan sobre las capacidades cognitivas y que lo hacen a través de la plasticidad sináptica que contribuye a configurar las redes neurales. En este sentido, cabe destacar la gran importancia de la plasticidad neural en la modificación y adaptación de los comportamientos a través del aprendizaje. También cabe tener en cuenta que el conectoma, recordemos, el mapa de conexiones neuronales en el cerebro, que se forma a través de los mecanismos de plasticidad sináptica, también tiene influencias genéticas. Así, por ejemplo, se ha calculado que la heredabilidad global del conectoma es del 20 %, aunque depende de regiones cerebrales particulares (para una revisión general, véase Bueno en prensa).

Sin embargo, recientemente se ha visto que existe otra relación crucial entre el ambiente y el genoma, además de su concurrencia en la plasticidad neural. Se trata de las modificaciones epigenéticas, que contribuyen a regular la función del genoma. Así, la neuroepigenética se ha convertido en un importante punto de encuentro entre la neurociencia y la genética, que influye significativamente en las capacidades cognitivas y en los aprendizajes. Y, por extensión, en la educación. La epigenética consiste en la regulación reversible de la función de los genes a través de la adición de moléculas concretas al ADN o a las proteínas que lo acompañan, sin alterar el mensaje genético. Únicamente influyen en cómo funcionan los genes, no en el mensaje que contienen, modulando su expresión (para una revisión, véase Bueno, 2018a). A pesar de la complejidad bioquímica de estos procesos, lo relevante para este capítulo es que la epigenética permite vincular las particularidades del entorno con la función de los genes a fin de adaptar la fisiología y el comportamiento de los organismos.

Por ejemplo, se ha demostrado que la metilación de algunos genes (es un tipo de modificación epigenética) contribuye a la formación y al almacenamiento de la memoria y, en consecuencia, a los procesos de aprendizaje. También se ha demostrado que determinadas diferencias en el nivel de metilación influyen en las funciones ejecutivas y que la desnutrición infantil está asociada con modificaciones epigenéticas que afectan negativamente a la atención y la cognición. Aunque la neuroepigenética es un campo de investigación relativamente reciente, hay un conjunto de evidencias en rápido crecimiento que revelan su importancia en la regulación de las funciones cognitivas.

De especial interés son los efectos de los traumas acaecidos durante la primera infancia y de los entornos educativos en el desarrollo cognitivo. Por ejemplo, se ha descrito que el abuso infantil se correlaciona con la regulación epigenética del receptor de glucocorticoides en el cerebro, lo cual favorece la manifestación de conductas depresivas más tarde durante la adolescencia y la edad adulta.

Y también se relaciona con otro gen denominado gen MAOA, que incrementa el nivel de impulsividad. Asimismo, también se ha visto que la negligencia parental durante la infancia se correlaciona con modificaciones epigenéticas específicas que incrementan la vulnerabilidad psiquiátrica. Por citar otro caso, también se ha demostrado que la crianza negativa basada en poco calor emocional, en indiferencia o en abandono, rechazo u hostilidad se correlaciona con modificaciones epigenéticas en un conjunto de genes que favorecen la manifestación de estados depresivos durante la adolescencia y la edad adulta.

A pesar de que la mayoría de los trabajos se centran en las experiencias negativas y sus efectos epigenéticos en la vulnerabilidad psiquiátrica, son un sistema adaptativo que permite a las personas superar traumas y seguir creciendo, lo que no quita que puedan implicar consecuencias negativas más adelante en la vida en comparación con personas que no han sufrido dichos traumas. Sin modificaciones epigenéticas influenciadas por todo tipo de experiencias y condiciones ambientales, la supervivencia sería mucho más difícil, y la plasticidad neural necesaria para modificar las conductas a través del aprendizaje sería mucho menor.

## 5. Conclusiones

En la formación del cerebro, en su funcionamiento y en el establecimiento de conexiones sinápticas intervienen multitud de genes, los cuales, en virtud de las variantes génicas que conforman el genoma de cada persona, influyen en sus capacidades cognitivas. Los niños y las niñas no son, por consiguiente, una tabla rasa. Sin embargo, estos condicionantes genéticos, que se manifiestan en la heredabilidad de todas las características biológicas y cognitivas, son únicamente la punta del iceberg en lo que se refiere a las capacidades cognitivas y de aprendizaje. A todo esto hay que añadirle los factores ambientales, las experiencias y aprendizajes que surgen del entorno familiar, social, cultural y, por supuesto, también el educativo. Estas experiencias y aprendizajes quedan plasmados en la potenciación o disminución de la plasticidad sináptica y en redes neurales concretas, así como en el funcionamiento de los genes a través de las modificaciones epigenéticas, por lo que condicionan significativamente el desarrollo de las potencialidades de cada persona (Bueno, 2018b).

Dicho de otra manera, una persona puede poseer, por ejemplo, una alta predisposición genética a manifestar un buen control de las funciones ejecutivas, que incluyen, entre otras características, la memoria de trabajo y el control inhibidor de los impulsos y que, por tanto, facilitan la toma de decisiones razonadas, pero el ambiente donde se desarrolla puede disminuir esta capacidad. O, alternativamente, una persona con una predisposición genética menor sobre el control de las funciones ejecutivas puede verlas potenciadas a través de la educación que recibe. Este es el papel insustituible de la educación. Los datos genéticos y epigenéticos enfatizan los roles cruciales que deben desempeñar los profesionales de la educación, las familias y la sociedad para contribuir a formar personas transformadoras que puedan y quieran aprovechar al máximo sus capacidades.

## Bibliografía

Bueno, D. (2016). *Cerebroflexia. El arte de construir el cerebro*. Barcelona: Plataforma.
— (2018a). *Epigenética*. Barcelona: Plataforma.
— (2018b). *Neurociencia para educadores*. Barcelona: Octaedro-Rosa Sensat edicions.
— (2019a). *Neurociencia en educación*. Madrid: Síntesis.
— (2019b). «Genetics and Learning: How the Genes Influence Educational Attainment». *Front. Psychol.* 10: 1622.

Redolar, D. (ed.). (2013). *Neurociencia Cognitiva*. Madrid: Médica Panamericana.
— (2018). *Psicobiología*. Madrid: Médica Panamericana.

# 2. EL DESARROLLO DEL PENSAMIENTO CRÍTICO Y LAS FUNCIONES EJECUTIVAS

— Gilberto Pinzón
— Ana María Fernández

## Resumen

Cuando se encuesta a padres, docentes y a la comunidad en general sobre cuáles deberían ser las habilidades, destrezas y disposiciones necesarias de un individuo en esta era, dentro del conjunto de respuestas propuestas está el de «pensamiento crítico»: difícilmente hay alguien en desacuerdo con que este es uno de los componentes fundamentales en la construcción de una persona integral. La dificultad que normalmente encontramos radica en identificar cómo se desarrolla ese pensamiento crítico. El objetivo de esta presentación y escrito será el definir cuáles son sus elementos constitutivos desde la perspectiva neurofisiológica, así como los aspectos cognitivos y neurológicos que intervienen en la instauración de un pensamiento crítico en el individuo. Con el fin de alcanzar el objetivo propuesto, proponemos un modelo de correlación entre el desarrollo del pensamiento crítico y las funciones ejecutivas.

**Palabras clave:** crítico, ejecutivas, funciones, habilidades, mentales, pensamiento.

# 1. Introducción

Sabemos que existen múltiples definiciones de lo que conocemos como *pensamiento crítico*, pero creemos que la que incorpora los elementos más significativos es la que define *pensamiento crítico* como un importante proceso cognitivo de orden superior que implica la capacidad de analizar y evaluar pruebas y argumentos sin sesgos de la experiencia y del conocimiento previo. La aplicación de pensamiento crítico requiere una respuesta no automática a una situación problemática para evitar el pensamiento heurístico y sesgado (West *et al.*, 2008). Los seres humanos tenemos lo que definimos como una «inercia cognitiva», que es ese patrón de conducta mental que nos lleva a ver, generar ideas y solucionar situaciones de una manera particular que se relaciona con lo que hemos aprendido, de la forma como lo hemos aprendido, así como de nuestra experiencia, que termina influyendo en quiénes somos y cómo procedemos. Esta inercia cognitiva puede ayudarnos a resolver dilemas y circunstancias cotidianas de forma adecuada o, por lo contrario, ser nuestro mayor inconveniente en el momento de hacer un análisis equilibrado que busque incorporar toda la información que nos permita acercarnos a una comprensión mas completa de dicha situación o problema para resolverlo de forma positiva. Es aquí donde el desarrollo del pensamiento crítico es fundamental, para que, de algún modo, este se convierta en esa disposición mental que esté siempre presente en el individuo y lo acompañe en la confrontación de desafíos y decisiones simples o complejas de la vida diaria. Como lo hemos expresado anteriormente, pensar críticamente requiere un proceso de reflexión y pensamiento que exige incorporar elementos que contribuyan a la búsqueda de la verdad, la apertura y flexibilidad a buscar otras perspectivas, la prudencia al actuar, monitorizando constantemente los pensamientos junto con una autorregulación mental y emocional, en la cual intervienen procesos constantes de metacognición.

Este proceso «lento» de pensamiento que conocemos como *pensamiento crítico* requiere, pues, de lo que investigadores y estudiosos del cerebro, la mente y el comportamiento humano han denominado *funciones ejecutivas*, ese conjunto de habilidades para el control mental, la autorregulación, la organización y la planificación de eventos y circunstancias que afrontamos diariamente. Las funciones ejecutivas actúan de forma simultánea y coordinada y nos permiten, entre otras cosas, trazar un objetivo o meta, priorizar y trabajar ordenadamente en el logro del objetivo propuesto.

Diferentes investigadores y profesionales han propuesto listas de funciones ejecutivas, aunque el concepto general entre dichas listas es básicamente el mismo. Después de analizar varias propuestas, decidimos usar la lista propuesta por los doctores Gerard A. Gioia, Peter K. Isquith, Steven C. Guy y Lauren Kenworthy. Estos psicólogos desarrollaron su comprensión de las funciones ejecutivas a través de una investigación sólida y crearon una escala de calificación que ayuda a padres, maestros y profesionales a entender a un niño en particular y a pensar más específicamente sobre cómo ayudar en el desarrollo y construcción de estas habilidades mentales fundamentales para la vida de todo individuo.

Su propuesta presenta las siguientes funciones ejecutivas:

- Inhibición: la capacidad de detener el propio comportamiento en el momento adecuado.
- Cambio: la capacidad de moverse libremente de una situación a otra, pensar con flexibilidad.
- Control emocional: la capacidad de modular las respuestas emocionales al llevar el pensamiento racional a aceptar y soportar los sentimientos emocionales.
- Iniciación: la capacidad de comenzar una tarea o actividad y de generar ideas, respuestas o estrategias de resolución de problemas de manera independiente.
- Memoria de trabajo: la capacidad de mantener la información en la mente con el fin de completar una tarea.

- Planificación/organización: la capacidad de gestionar las demandas de tareas actuales y orientadas al futuro.
- Organización de materiales: la capacidad de imponer orden en el trabajo, el juego y el almacenamiento de espacios.
- Autocontrol: la capacidad de monitorizar el propio desempeño y de medirlo con respecto a algún estándar de lo que se necesita o espera.

## 2. Marco teórico

Como podemos ver, existen múltiples propuestas y acuerdos en lo referente a la clarificación e importancia de lo que es el pensamiento crítico y las funciones ejecutivas como elementos esenciales en la construcción de mente para la búsqueda de un comportamiento humano que favorezca al individuo y su entorno.

Nos enfrentamos, en la actualidad y en el futuro cercano, a desafíos no previstos y aún difíciles de evaluar. La tecnología actual y la que está en desarrollo nos presenta sin duda grandes beneficios, pero al mismo tiempo supone retos al sostenimiento de nuestra especie y del planeta en general. Los diferentes medios de comunicación e interacción humana pueden abrir posibilidades de aprendizaje y expansión cognitiva o, al contrario, ser usados para manipular la verdad y la realidad de forma significativa, llevando al individuo a perder uno de sus activos más relevantes, su posibilidad de ser libre y elegir con criterio.

Esta cita de Yuval Noah Harari, investigador y autor de *Sapiens*, nos explica claramente los desafíos y beneficios que trae el momento histórico en el que nos encontramos:

> Tome Google Maps o Waze. Por un lado, amplifican la capacidad humana: podemos llegar al destino de forma más rápida y sencilla. Pero al mismo tiempo, le estamos dando la autoridad al algoritmo

y estamos perdiendo nuestra capacidad de encontrar nuestro propio camino.

Muchas de los logros y habilidades conquistadas por nuestra especie podrían pasar a planos menos importantes o significativos, pues el advenimiento de tecnologías está eliminando destrezas que en otro momento fueron relevantes. Como ejemplo podemos citar la caligrafía, que fue propuesta como una condición fundamental para que nos pudiéramos comunicar de forma escrita, para que los escritos fueran legibles para los lectores, ya que la escritura manual era la norma. En la medida en que los aparatos tecnológicos como los *smartphones* escriben por nosotros, la necesidad de aprender caligrafía deja de ser importante y tiende a desaparecer. A primera vista parecería algo no demasiado relevante, pero lo que debemos entender es que con el desarrollo de una buena caligrafía simultáneamente generábamos otro conjunto de habilidades asociadas a esta, como las destrezas motrices que involucran procesos neurológicos significativos.

Lo que estamos tratando de decir es que no necesariamente somos conscientes de que los enormes avances científicos y tecnológicos están trayendo muchos beneficios, pero que también nos pueden llevar a perder conquistas importantes de nuestra especie.

Aún no podemos medir el impacto real y los desafíos que afrontaremos, por lo cual es fundamental desarrollar varias habilidades, dentro de las cuales está la del pensamiento crítico: estamos y estaremos tomando decisiones que nunca llegamos a imaginar y nos enfrentaremos a dilemas de orden moral y ético que demandarán una gran fundamentación de valores humanos. Por ende, la ética y los valores morales serán un componente esencial del pensador crítico.

Hoy los medios de comunicación tienen la capacidad de manipular a la opinión publica de una manera jamás prevista, de modo que la necesidad de formar individuos éticos, con valores y que sepan elegir adecuadamente resulta crucial. La formación de dichos individuos debe ser promovida desde los primeros años, desde el hogar, y, sin duda, desde los colegios, dado que la educación tiene encomendada una tarea importante en la generación de pensadores críticos éticos y con valores.

La gran pregunta es: ¿cómo podemos fomentar el desarrollo del pensamiento crítico en los estudiantes y jóvenes de hoy y de mañana? Es aquí donde consideramos que trabajar el pensamiento crítico a partir del desarrollo de las funciones ejecutivas es una manera lógica de lograr este cometido. Tal como lo presentamos en la introducción, el proceso que requiere pensar críticamente es complejo e involucra diversos movimientos cognitivos que se asocian con las funciones ejecutivas descritas anteriormente.

## 3. Propuesta práctica

Con el fin de responder a la pregunta que se acaba de sugerir y de conectar el pensamiento crítico con las funciones ejecutivas, vamos a compartir una anécdota vivida por uno de nosotros y que nos ayudará como estudio de caso a volver más concreta esta idea de «desarrollo del pensamiento crítico y las funciones ejecutivas», y por tanto, a responder la pregunta enunciada. A medida que vayamos narrando la experiencia, incorporaremos, según sea la circunstancia, la participación de cada una de las funciones ejecutivas requeridas.

## 4. Metodología: estudio de casos

Hace unos cinco años atrás fui citado a comparecer como parte del jurado en un caso criminal en la corte de Fort Lauderdale, en el condado de Broward, en el estado de Florida.

La experiencia arranca con la selección de los 14 miembros del jurado por parte de los dos abogados y el juez que preside el caso.

Una vez el jurado ha sido elegido, se inicia un proceso que comienza con la explicación de las normas, leyes, compromisos y tarea de los jurados, así como de los procedimientos del juicio y de la toma de la decisión final por parte de los miembros del jurado. Es aquí donde se requiere la participación de una de las funciones ejecutivas: la memoria de trabajo; como parte de la importante tarea que tenemos delante, está la de tener muy presente todo el tiempo los lineamientos explicados y con la claridad del objetivo de nuestra función, de modo que la memoria de trabajo será constantemente puesta a trabajar en la medida en que surjan nuevos elementos de juicio y análisis.

El juicio comienza con la explicación de los cargos al acusado en un caso de fraude a lo que se conoce como el seguro médico que provee el Gobierno de los Estados Unidos. A continuación, se sigue con la presentación de cada uno de los abogados de su parte. El primero en presentar es el abogado acusador o fiscal. Durante su presentación y conforme avanza en ella, el fiscal nos va comunicando el conjunto de elementos que traen al acusado al juicio. Mis primeras conjeturas al escuchar al abogado con su forma enfática y convincente son: «Este juicio no durará nada, esta persona es culpable». Posteriormente, viene el turno del abogado defensor, quien de la misma manera creíble presenta el caso, y en ese momento mi apreciación cambia radicalmente y me digo: «Pobre hombre, lo han involucrado en un caso en el cual nunca tuvo participación». Como parte de mi propio proceso de reflexión, me doy cuenta de cómo entre la presentación de un abogado y la del otro mis impresiones sobre el caso cambian diametralmente en cuestión de minutos. Esto me lleva a entender que necesito generar un autocontrol mental, una de las funciones ejecutivas que nos hace monitorizar nuestros pensamientos y acciones mentales para ser conscientes de que requerimos tiempo y espacio antes de hacer conjeturas o de juzgar.

El caso continúa y constantemente el juez interviene para encausar a las partes y recordar al jurado las normas y las reglas para no desviar la aclaración de los hechos que lleven a aclarar las evidencias. De alguna manera, el juez es ese monitor que está permanentemente manteniendo el equilibrio en la exposición de las partes y trae como ejemplo de memoria de trabajo la información que resulta relevante para el caso y el jurado.

Durante cinco días, cada uno de los abogados presenta argumentos, peritos, evidencias y testigos que hacen que el caso no deje de moverse entre dos posibles realidades. Parte de las estrategias de los abogados es involucrar las emociones, traer testimonios y situaciones que generen en el jurado vinculación emocional de rechazo, empatía, lastima y enfado; vamos, como un péndulo de un lado para el otro, y es aquí donde se requiere la incorporación de otras funciones ejecutivas: la del control emocional, que tiene que actuar simultáneamente con las funciones ejecutivas de la inhibición, la cual actúa como un freno que evita el impulso inicial de propiciar un comportamiento mental y emocional, a fin de adoptar un actitud lo mas centrada posible y que no se deje influenciar por sesgos o conjeturas inmediatas. Adicionalmente, es preciso involucrar la posibilidad de ser flexible mentalmente, permitirse generar ese cambio de una posición mental a otra, una función ejecutiva primordial que actúa de forma sincrónica a las ya mencionadas.

Sin cesar se nos recuerda y somos conscientes de cuál es la razón de formar parte de este proceso: nuestro objetivo es escuchar atentamente e ir construyendo una comprensión sobre el caso; los argumentos y las evidencias deben ser valoradas con el objetivo central de decidir sobre el futuro inmediato y a largo plazo de una persona. El objetivo no se puede perder de vista, debemos ir sumando información que nos permita organizar todo el caso con el propósito fundamental de tomar una decisión acertada. Aquí se requieren las funciones ejecutivas de planificar y organizar mentalmente todos los componentes del caso. Esto es particularmente importante en el momento de la deliberación entre el grupo de jurados: para poder condenar al acusado, la ley del estado y el país requiere que la deliberación sea unánime; si esto no se produce, el acusado será declarado inocente.

Como miembros del jurado se nos prohíbe comentar o hablar del caso antes del momento de la deliberación. Durante los cinco días del juicio, nunca hablamos entre nosotros en relación con el caso, únicamente al final, al deliberar, momento en el cual cada miembro del jurado expone ante sus compañeros su perspectiva, decisión y razones. Estas son escuchadas por los demás miembros del jurado sin interrumpir y solo al final de su exposición se permiten preguntas aclaratorias y opiniones. Es un proceso que requiere y demanda la presencia constante y sincrónica de cada una de las funciones ejecutivas. Una vez completada la ronda de exposiciones, se hace una votación, que, de no ser unánime, exigirá otra ronda de deliberación, y esto se dará cuantas veces sea necesario hasta que el jurado llega a un acuerdo unánime o se determine que no hay posibilidad de unanimidad, lo cual se comunicará al juez. En este caso en particular, la deliberación no llevó tanto tiempo: hicieron falta un par de rondas, pues dos de los miembros no estaban seguros de la culpabilidad del acusado, el cual fue finalmente hallado culpable por el jurado y sentenciado por el juez a 17 años de cárcel.

## 5. Conclusiones

El objetivo de aprovechar esta historia real es que nos permite conectar la idea de lo que definimos como *pensamiento crítico*, ese proceso lento, elaborado, sistemático, complejo y sincrónico con el conjunto de habilidades de control mental, autorregulación, planificación y organización que conocemos como *funciones ejecutivas*.

Podemos ver este ejemplo presentado de tres maneras:

1. Como una circunstancia en la vida en la cual nos enfrentamos a una situación compleja que requiere que cada una de estas funciones ejecutivas se use en múltiples ocasiones con el fin de poder ejercer un pensamiento crítico y ético que pasa por

evitar sesgos, incluso los emocionales, a fin de tomar decisiones juiciosas y justas.
2. Como una metáfora, al ver todo el caso en sus cinco días, con todas y cada una de sus partes como ese proceso mental lento, exigente y complejo que requiere la participación de unas acciones cognitivas que, de no estar presentes, conduciría a lo que podría llegar a ser una decisión superficial, poco centrada y pobremente fundamentada en el conocimiento de los diferentes elementos que requiere una determinación adecuada.
3. Una manera práctica, intencionada y estratégica que proponemos para que los estudiantes e individuos en formación desarrollen pensamiento crítico y ético. La presentación de casos, el generar discusión sobre dilemas éticos, cognitivos y situaciones del día a día permite al educador incorporar los elementos que requiere el desarrollo del pensamiento crítico y ético. El modelaje del docente, la inclusión del lenguaje del autocontrol y la autorregulación y la presentación de los argumentos o puntos de vista requiere planificación y organización mental, con la adición de una disposición hacia el cumplimiento del objetivo, el abrir estos espacios en los ámbitos educativos y formativos en los cuales los estudiantes, a partir de edades tempranas, tienen la oportunidad de conocer las funciones ejecutivas, hacerlas explícitas, ejercitarlas y darles el valor metacognitivo que merecen.

Como conclusión, consideramos que el desarrollo del pensamiento crítico está íntimamente relacionado con la participación y la formación de las funciones ejecutivas, que el trabajo conjunto de estos dos conceptos es posible, positivo y complementario. También pensamos que los estudiantes, en el transcurso de su vida escolar, van acumulando un conjunto de aprendizajes y habilidades que se convertirán en el paquete de herramientas para la vida, que serán más efectivas en la medida en que el individuo sepa que las posee y aprenda a usarlas cuando lo requiera, para lo cual es fundamental generar procesos y ejercicios que propicien la metacognición. El uso de estrategias como la presentada en este artículo, así como la presentación y el análisis de casos, ha de permitir al estudiante la comprensión de los conceptos de pensamiento crítico y ético, así como asumir la importancia del desarrollo de las funciones ejecutivas para la vida.

## Bibliografía

Ardilla, A.; Ostrosky-Solís, F. (2008). «Desarrollo histórico de las funciones ejecutivas» [«Historical development of executive functions»]. *Revista de Neuropsicología, Neuropsiquiatría y Neurociencias*, 8(1):1-21.

Carelli, M. G.; Forman, H.; Mäntyalä, T. (2008). «Time monitoring and executive functioning in children and adults». *Child Neuropsychology*, 14: 372-386.

Evans, J. S. (2008). «Dual-processing accounts of reasoning, judgment and social cognition». *Annual Review of Psychology*, 59: 255-278.

Gioia, G. A.; Isquith, P. K.; Guy, S. C.; Kenworth, L. (2015). *Brief-2: Behavior Rating Inventory of Executive Function (2.ª ed.)*. Oxford: Hogrefe.

Sanz de Acedo Lizarraga M. L.; Sanz de Acedo Baquedano, M. T.; Ardaiz Villanueva O. (2012). «Critical thinking, executive functions and their potential relationship». *Thinking Skills and Creativity*, 7(3): 271-279.

# 3. IMPORTANCIA DEL VÍNCULO EN EL APRENDIZAJE Y CALIDAD DE VIDA: NACIDOS PARA CONECTAR Y COMPARTIR

— Marta Ligioiz Vázquez

## Resumen

Nuestra naturaleza y nuestro cerebro son sociales. Necesitamos relacionarnos para crecer, aprender, desarrollar habilidades, amar y tener un sólido sentido vital. El vínculo es el lazo afectivo que nos une y nos lleva a compartir, desarrollar la empatía, el compromiso, la lealtad, generosidad y, en definitiva, a cooperar y co-crear un entorno donde todas las personas seamos importantes y tengamos cabida. El vínculo en un aula es el primer eslabón para que, una vez establecido, podamos avanzar en un aprendizaje significativo, donde haya un espacio de seguridad que pueda generar el desarrollo de la empatía, la cooperación y el trabajo de equipo. Donde el autoconcepto del alumnado se forje sano y fuerte, de modo que le permita una mentalidad de crecimiento y de confianza en sí mismo y en su entorno.

El vínculo genera cambios neurobiológicos importantísimos y esenciales de cara al aprendizaje y el desarrollo social. Cuando en un aula no se establece con la profundidad necesaria, dará pie a muchos conflictos posteriores, como una supuesta inadaptación, conflictos sociales, baja motivación, baja autoestima, mentalidad fija, bajo rendimiento, mayor reactividad emocional, más posibilidades de acoso escolar y violencia. Conocer y comprender las razones de por qué el vínculo es el terreno indispensable en el que sembrar y nutrir un aprendizaje significativo y relaciones sociales de calidad y convivencia pacífica nos ayudará a tenerlo presente como prioridad educativa.

**Palabras clave:** vínculo, mentalidad de crecimiento, oxitocina, cooperación, neurotransmisores, reactividad emocional automática, autoconcepto, trabajo de equipo, espacio de seguridad, amígdalas cerebrales, plasticidad cerebral.

# 1. Introducción

> *La vida es una unión simbiótica y cooperativa*
> *que permite triunfar a los que se asocian.*
>
> Lynn Margulis

En el momento de nacer, en nuestra primera inhalación de aire y contacto con un mundo nuevo, el cerebro de la madre ya viene produciendo una cantidad importante de una hormona llamada *oxitocina*, que no solo ha servido para el parto, sino que encierra un gran secreto, una clave esencial para la vida: ayudar a potenciar un vínculo poderoso entre ambos para asegurar la supervivencia, el cuidado adecuado, lazos de amor, confianza y seguridad, en donde el bebé pueda relajarse, sabiéndose en un espacio protegido. Este vínculo asegura un comienzo feliz, una llegada de acogida. Si no se produjese este vínculo inicial (a veces ocurre), la madre podría rechazar al bebé y/o viceversa, lo cual crearía una situación de peligro y estrés para ambos.

La oxitocina y la vasopresina son hormonas que nos acompañarán a lo largo de la vida, ayudándonos, entre otros aspectos, en las relaciones, potenciando vínculos personales y sociales que permitirán un óptimo desarrollo neurobiológico. Cuando nos enamoramos, cuando hacemos el amor, la oxitocina eleva su producción para apoyar un compromiso, lealtad y formación de equipo. Cuando nos reunimos entre amistades, cuando compartimos, nos conocemos, cooperamos…, la producción de oxitocina se incrementa para ayudarnos a desarrollar habilidades sociales.

Empieza un curso escolar y tenemos al alumnado, que llega con posibles temores, inseguridades, esperanzas o ilusiones. ¿Qué hacemos en un aula las primeras semanas de curso? Puede que les expliquemos y comentemos las tareas que haremos, los contenidos, y quizá dediquemos poco tiempo a que se conozcan. ¿Qué ocurrirá en un aula cuando no se establece un buen vínculo en el alumnado entre sí y con el profesorado? De ello dependerá el tipo de aula y de equipo que será. ¿Qué oxitocina tendrán al entrar y al salir de clase?

## 2. ¿Qué provoca el vínculo en nuestro cerebro y en el resto del cuerpo?

Nuestras neuronas se comunican por mensajeros que envían una información: los llamados *neurotransmisores*. Nuestro cerebro está bañado con ellos, mientras circulan billones de informaciones para que podamos responder a las demandas de nuestro mundo interno y externo.

Nuestro cerebro posee estructuras que estarán alerta ante un posible peligro para ayudarnos, y las amígdalas cerebrales serán clave en este sentido. Dos núcleos de neuronas que dispararán mensajes rápidos ante cualquier amenaza y activarán nuestras respuestas ancestrales de supervivencia: tendremos un comportamiento reactivo automático para poder sobrevivir y adaptarnos al medio.

Poseemos todo un conjunto de medios internos para afrontar las amenazas, que provocan un estrés que vehicula los cambios neurobiológicos en milisegundos. Desde nuestro cerebro hasta la última célula responderán y se adaptarán, dando prioridad a la respuesta frente a los peligros. Cuando esto ocurre, nuestro cerebro no está en condiciones de aprender, sino de defenderse y reaccionar, ya sea con agresividad, ataque, defensa, huida o bloqueo.

El vínculo genera oxitocina, que a su vez retroalimenta la unión. Esta oxitocina disminuye la reactividad de las amígdalas cerebrales, bajando el nivel de estrés. Disminuye con ello la susceptibilidad emocional y, por tanto, aumenta la confianza. En lugar de estar reactivos, habrá mayor receptividad; tendremos más capacidad cortical, en la corteza prefrontal, detrás de la frente, donde poseemos muchos recursos para relacionarnos. Ello nos lleva a no ver a las demás personas como un peligro potencial. La doctora Angela Sirigu y su equipo, del Centro de Neurociencia Cognitiva de Lión, vienen llevando a cabo estudios sobre dichos efectos cerebrales. Han comprobado también cómo, incluso en casos de autismo, tanto infantil como en adultos, la oxitocina inhalada ha provocado la elevación de la mirada (mirar a los ojos) y una mayor comprensión emocional en los rostros, todo ello mejoras sociales.

La oxitocina no solo disminuye la reactividad de las amígdalas, sino que mejora nuestra capacidad en la toma de decisiones, haciéndonos más audaces y decididos. Al mismo tiempo, nuestra atención y memoria mejoran hacia la información positivo-constructiva, relacionada tanto con las personas como con situaciones que se nos presenten, lo que aporta mayor capacidad de aprendizaje, actitudes constructivas y habilidad en la resolución de conflictos. Se generan estados de seguridad y equilibrio.

El vínculo, con la oxitocina, van de la mano de relaciones humanas de confianza. Markus Heinrichs, de la Universidad de Zúrich, investigador en este campo, la considera el elixir de la unión y de la amistad, donde la generosidad, la empatía y la entrega hacen acto de presencia. Se han comprobado los efectos terapéuticos que ejerce en casos de depresión, fobias y enfermedades sociales.

Cuando la oxitocina baja, nuestras habilidades sociales disminuyen, nos aislamos más, tememos más a los demás y entramos en un círculo vicioso de miedo, rechazo y estrés. En estas condiciones nuestro cerebro no está en condiciones de aprender en clase, pues las prioridades son otras, más reactivas.

Instaurar un potente vínculo en el aula desde el primer momento asegura unos niveles de oxitocina muy saludables que preparan a nuestro cerebro y a todo nuestro cuerpo para desear aprender, compartir, cooperar y generar auténticos trabajos de equipo. Estaremos en estado de equilibrio neurobiológico, no de estrés, cosa que mejora la salud, la calidad de vida y los recursos cerebrales.

El cerebro funciona en red, cooperando y haciendo sinergia entre áreas diferentes. El vínculo también provoca el aumento de determinados neurotransmisores como la serotonina, la dopamina y las endorfinas, que regulan el estado anímico, la motivación y el bienestar. En conjunto, provocan mayor activación de la corteza prefrontal y capacidad de aprendizaje, y a su vez potencian la disminución del miedo y la reactividad de las amígdalas. Mejora la memoria, la atención, la resolución de los ejercicios académicos propuestos, el trabajo de equipo, la cooperación, la alegría y las ganas de compartir. Disminuye el estrés y todo nuestro cuerpo lo agradecerá: nuestro corazón, nuestra circulación y nuestros sistemas inmune, hormonal, digestivo y renal. Nuestra salud mejorará, con un estado en el cual podemos dedicarnos a aprender.

Todo ello propicia un ambiente enriquecido y protegido en el cual el error podrá ser bien acogido (en lugar de castigado) y contemplado como medio para innovar, arriesgarse, afrontar retos, crear y avanzar. El vínculo es el terreno preparado para nutrir y cuidar el crecimiento.

### 3. El vínculo, savia de la cooperación

¿Conoces el misterio y la magia del bambú? Cuando siembras la semilla del árbol, pasan días, semanas, meses y no ves nada, parece que la semilla se perdió. Pasan incluso años y nada aparece sobre la tierra. Pero al séptimo año ocurre algo espectacular: comienza a crecer y, en seis semanas, puede alcanzar más de 30 metros de altura. Magnífico acontecimiento que nos sitúa ante la cuestión de: ¿qué estuvo haciendo el bambú todos esos años? Estuvo creando unas raíces poderosas que posteriormente sostendrían el crecimiento, que parece ilimitado, en muy poco tiempo.

A veces tenemos mucha prisa por que aprendan, que el currículo escolar se cumpla en su orden, y podemos llegar a olvidar que las raíces débiles no soportarán un crecimiento posterior, hasta donde quieran llegar y soñar.

¿Qué les queremos dejar como legado? ¿A qué le damos más importancia en la vida?

Las profesiones del futuro y que el alumnado vivirá, en su mayoría, aún no existen o se están creando. Su mundo no será como el nuestro vivido anteriormente, luego ¿para qué los preparamos? ¿Para tener unas raíces poderosas de modo que, venga lo que venga, dispongan de recursos propios para aprender y desarrollarse?

Un pájaro nunca teme que la rama se rompa, porque su confianza no está en la rama, sino en sus propias alas. (Anónimo)

Esta metáfora nos puede ayudar para reflexionar. Cada día las empresas que emergen buscan sobre todo a personas que sepan trabajar en equipo, que no tengan miedo a innovar, que tengan habilidades emocionales y sociales. Esas son raíces clave que se han de contemplar.

Para saber cooperar y trabajar realmente en equipo, serán necesarios cambios cerebrales importantes que lo posibiliten. El vínculo es savia que lo alimentará y que permitirá su crecimiento.

A su vez, la cooperación *per se* provocará un aumento cerebral de dopamina, lo cual incrementará la motivación, el deseo de superación de retos, la capacidad para retrasar una satisfacción inmediata en pos de un buen proceso de aprendizaje, mejoras y compañerismo. Favorecerá la maduración y la autogestión. El vínculo abrirá la puerta al acercamiento, al respeto y a la generosidad, al tiempo que desarrollará recursos internos como la creatividad, la innovación y el pensamiento divergente.

John Hattie, profesor de la Universidad de Auckland, y su equipo de investigación, llevaron a cabo diversos metaanálisis. Analizaron durante quince años más de 50 000 estudios en los que participaron más de 240 millones de estudiantes de todo el mundo. El objetivo era detectar qué factores influyen más directamente en el rendimiento académico del alumnado. Fueron identificadas 150 influencias y se clasificaron según una medida estadística conocida como *tamaño de efecto*. Veamos, según sus estudios, algunas de las más destacadas:

- Expectativas del profesorado hacia el alumnado: ¿qué creo que es capaz de hacer y de ser? ¿Hasta dónde creo que puede llegar? Es ese *feedback* cotidiano que hacemos y con el que transmitimos lo que creemos pueden llegar a conseguir. Valorar sus esfuerzos y su capacidad, su mentalidad de crecimiento.
- El buen trabajo en equipo del profesorado entre sí y la relación que se establece entre el profesorado y el alumnado. La calidad de relación.
- El autoconcepto que tiene el alumnado sobre sí mismo y sobre sus capacidades.

Una *mentalidad fija* cree que no podemos cambiar, que soy o eres así y que siempre lo seré o serás. Una *mentalidad de crecimiento* implica saber que tenemos una gran plasticidad cerebral y capacidad para desarrollar aprendizajes y cambios. Es crucial para no limitar con nuestras propias creencias al alumnado. No importa hasta dónde haya llegado hoy, porque puedo cambiar mis circuitos cerebrales y abrir mi mente a todo un mundo de posibilidades por descubrir. Tengamos la edad que tengamos, podemos modificar aprendizajes y conductas y superarnos. El profesorado con mentalidad de crecimiento lo generará en su aula y el autoconcepto del alumnado, como elemento de gran influencia, se verá muy reforzado constructivamente.

El vínculo entre el profesorado generará por sí mismo un buen trabajo de equipo. El vínculo en un aula potenciará la mentalidad de crecimiento, el autoconcepto y la apertura de la mente hacia una expectativa que rompe los límites aprendidos. La relación establecida será de calidad humana.

El inicio de un curso es esencial para establecer dicho vínculo. Lo más importante es que vayan ocurriendo los cambios cerebrales y biológicos que hagan el terreno fértil y que se pueda fortalecer a lo largo de todo el curso.

## 4. ¿Cómo potenciamos el vínculo en el aula?

La esencia del vínculo se gesta al conocernos progresiva y profundamente, compartiendo y cooperando. Disfrutando y llevando a cabo experiencias comunes significativas. Con espacios para expresar pensamientos, sentimientos, lo que nos gusta e ilusiona, con la posibilidad de un listado de ilusiones hacia un apoyo común para estimular la mentalidad de crecimiento, los retos, y el hecho de llevarlo todo a cabo. Los juegos cooperativos lo estimulan en gran medida, son excelentes para ello, mientras que los competitivos lo dificultan. El desarrollo de habilidades emocionales y sociales lo agiliza. Ayuda a superar obstáculos como equipo, aprender conjuntamente de los errores como peldaños del aprendizaje.

Es determinante compartir momentos vividos relevantes. Llevar objetos que simbolicen algo especial vivido en nuestra vida y contarlo. Instantes de intimidad, emociones, sentido del humor. Expresar nuestros miedos, esperanzas. La calidad humana como objetivo.

Se han de cuidar las acogidas, las despedidas, las ausencias, así como celebrar momentos, pequeños detalles y sorpresas. Cabe generar un ambiente de expresión y de comprensión emocional, desde donde aprender y crecer. Han de primar los pilares del respeto, la dignidad y el amor por la diversidad.

Se tiene que valorar la singularidad y la riqueza de cada persona. Cada alumno tiene toda una historia que evoluciona y, en conjunto, creamos espacios donde tienen cabida y son un punto de estímulo para aprender entre todos todo lo que de ello se derive. Una ilusión de montar en globo, por ejemplo, puede significar un aprendizaje intensivo que incluya ciencias, física, matemáticas, arte, sociales, etc. Experiencias que unen profundamente y abren todo un mundo de aprendizaje, como la ilusión de conocer algo o a alguien, de llevar a cabo una idea, etc. El vínculo forjará valentía, equipo y acción.

La calidad humana y las habilidades emocionales y sociales del profesorado posibilitarán una inagotable lista de pequeñas y grandes acciones hacia el vínculo. ¿Qué aportarías tú?

## 5. Conclusiones

El vínculo genera equilibrio neurobiológico, al eliminar el estrés y la reactividad emocional, activando recursos cerebrales esenciales para el aprendizaje, como la memoria, la atención, la motivación, la capacidad cognitiva, la cooperación y el trabajo en equipo. Nos aporta calidad de vida, sentido vital y de pertenencia, y fortalece nuestro autoconcepto, empatía, generosidad y capacidad de amar.

Un vínculo intenso asegura un viaje educativo significativo, en el cual aprendemos a crear conjuntamente una sociedad más pacífica. Hemos nacido para conectar y relacionarnos. Hagámoslo con excelencia.

# Bibliografía

Baumgartner, T. *et al.* (2008). «Oxytocin Shapes the Neural Circuitry of Trust and Trust Adaptation in Humans». *Neuron*, 58(4): 639-650.

Blackwell, L. S. *et al.* (2007). «Implicit theories of intelligence predict achievement across an adolescent transition: a longitudinal study and an intervention». *Child Development*, 78(1): 246-263.

Bueno, D. (2016). *Cerebroflexia. El arte de construir el cerebro*. Barcelona: Plataforma.

Carter C. S. (2003). «Developmental Consequences of Oxytocin». *Physiology and Behaviour*, 79(3): 383-397.

Dweck, C. S. (2008). «Mindsets and math/science achievement». Nueva York: Carnegie Corporation of New York, Institute for Advanced Study, Commission on Mathematics and Science Education.

Dweck, C. S.; Leggett, E. L. (2012). *Mindset: how you can fulfill your potential*. Londres: Robinson

Hattie, J. (2012). *Visible learning for teachers. Maximizing impact on learning*. Londres: Routledge.

— (2015). «The applicability of visible learning to higher education. Scholarship of Teaching and Learning». *Psychology*, 1(1): 79-91.

Hollander, E.; Bartz, J.; Chaplin, W.; Phillips, A.; Sumner, J.; Soorya, L.; Anagnostou, E.; Wasserman, S. (2007). «Oxytocin Increases Retention of Social Cognition in Autism». *Biological psychiatry*. Disponible en doi: 61. 498-503. 10.1016/j.biopsych.2006.05.030.

Kosfeld, M. *et al.* (2005). «Oxytocin Increases Trust in Humans». *Nature*, 435(7042): 673-676.

Leone, P.; Amedi, A.; Fregni, F.; Lotfi, B. (2005). «The Plastic Human Brain Cortex». *Rev. Neuroscience*, 28: 377-401.

McEwen, B. S. (1999). «Stress and hippocampal plasticity». *Annual Review of Neuroscience*, 22(1): 105-22.

Stallen, M.; Sanfey, A. G. (2013). «The cooperative brain». The neuroscientist, 19(3): 292-303.

Wilhelm, K. (2010). «Oxitocina». *Mente y Cerebro*, 44: 88-93.

Willis, J. (2007). «Cooperative learning is a brain turn-on». *Middle School Journal*, 38(4): 4-13.

# 4. NEURODESARROLLO Y COGNICIÓN MORAL: ENTRE EL ORIGEN Y LA CULTURA

— Ana Victoria Poenitz

## Resumen

¿Cuánto hay de innato y cuánto de socialmente adquirido en el neurodesarrollo de nuestra capacidad de sentir empatía por los demás? ¿Existe un esbozo en los primeros meses de vida de nuestra cognición moral? Algunos estudios afirman que es posible distinguir en los bebés indicadores de que conductas proactivas son más aceptadas que aquellas que pudieran infligir un daño a terceros. Meses más tarde, podrían incluso detectar la necesidad de ayuda, en etapas evolutivamente tan tempranas como las del inicio de la bipedestación.

Este capítulo, en el que se detallarán algunos aspectos relativos al neurodesarrollo de la cognición moral, solo pretende abrir el interrogante y el debate entre múltiples disciplinas.

**Palabras clave:** cognición social, emociones morales, neurodesarrollo, filogenética, altruismo.

# 1. Introducción

¿Pueden los bebés distinguir entre el bien y el mal? ¿Cuáles son los orígenes de la empatía y el desarrollo moral? ¿Es la sociedad, y los padres en particular, quienes convierten a los niños en criaturas sociales que sienten empatía y solidaridad? ¿Venimos «cableados» para que, desde pequeños, se neurodesarrollen incipientemente nuestras emociones morales? Ralph Adolphs dijo que el ser humano ha generado un cerebro que le permite actuar de manera flexible en entornos cambiantes, basándose en hacer predicciones, para así garantizar su adaptación al medio, su supervivencia y la calidad de su supervivencia...

# 2. ¿Vendremos filogenéticamente preparados para distinguir entre el bien y el mal?

Numerosos estudios refieren que, para identificar el mundo social, los bebés utilizan la atribución de intencionalidad, la morfología del rostro y los indicadores de respuesta social. Existen dos vías de procesamiento distinto para la información sobre objetos y sobre agentes sociales. Los niños muy pequeños tratan a los humanos de forma diferente a otras entidades, incluso en los primeros días de vida (Spelke, 1990). Cuando en un rostro familiar, del que el niño normalmente recibe una respuesta, cesan las señales, los bebés se sienten angustiados y perturbados, lo que ha sido ampliamente desarrollado y denominado como el «paradigma de la cara inmóvil». Sin embargo, en niños pequeños, cuando lo que cesa es la actividad en un objeto inanimado que se encontraba en movimiento, se produce una pérdida del interés. Estos aportes nos recuerdan que los niños muy pequeños esperan que las personas, y no los objetos, les respondan de manera contingente, y están muy interesados y orientados hacia el mundo social, sin que medien en estos primeros meses estructuras de pensamiento superior.

En la década de los ochenta, los psicólogos comenzaron a interesarse por el desarrollo de estos aspectos en los bebés, a partir del estudio del movimiento de sus ojos. Al igual que los adultos, los bebés comienzan a mirar algo y mantienen la mirada durante más tiempo cuando ese algo les resulta interesante o sorprendente. Sin embargo, cuando el estímulo se transforma en algo aburrido e inesperado, disminuye el seguimiento ocular hacia este. Puede considerarse, entonces, la técnica de *eyes tracking* como un recurso rudimentario pero fidedigno de lo que captura la atención de los bebés, de lo que les sorprende o les gusta.

Varios estudios nos reportan que interpretar de forma fiable las expresiones faciales parece ser una habilidad que se desarrolla con la experiencia (Gao y Maurer, 2009; Herba, Landau, Russell, Ecker y Phillips, 2006), pero es todavía más trascendente resignificar que las emociones de valencia positiva son reconocidas antes y con mayor precisión que las de valencia negativa (Boyatzis, Chazan y Ting 1993; Camras y Allison, 1985; Golan, Sinai-Gavrilov y Baron-Cohen, 2015; Widen y Rusell, 2003, entre otros). Es sabido, además, que a los pocos meses nos orientamos primariamente a otros seres humanos, pero ¿es posible pensar en la existencia de un sentido moral desde el inicio de nuestras vidas?

Los desarrollos producidos a partir de las experiencias en el Laboratorio de Investigación de Cognición Infantil de la Universidad de Yale, dirigidos por Paul Bloom, Karen Wynn y Kiley Hamlin, evidencian que parece haber algo evolutivamente antiguo en nuestras muestras de empatía, que serían las bases de nuestras cogniciones morales. Para que exista un sistema moral genuino, primero tienen que importarnos algunas cosas, por lo cual se avanzó en la investigación de cómo reaccionaban los bebés ante dos acciones en particular: ayudar e impedir.

En uno de los primeros estudios de evaluación moral se utilizaron objetos geométricos reales con caras de personas, manipulados como títeres, que ayudaban o que entorpecían: un cuadrado amarillo ayudaría a un círculo a subir un monte; un triángulo rojo lo empujaría por la pendiente. Después de que el niño visualizara la escena, los investigadores disponían a ambos personajes en una bandeja y se los mostraban al niño. Se descubrió que bebés de 6 a 10 meses preferían significativamente la figura que ayudaba. A fin de evitar el sesgo de las preferencias personales –¿y si a algunos bebés les gusta el color rojo o prefieren los cuadrados?–, se varió el uso de colores y formas con respecto al papel que jugaban en la historia. Además, para evitar que los adultos predispusieran a los pequeños inconscientemente, el ayudante que sostenía la bandeja no sabía cuál era el personaje bueno y cuál el malo, y se pidió a los padres que cerraran sus ojos en el momento de la elección. ¿Estos resultados significaban que los bebes actuaban de esa manera por atracción por la figura que ayudaba o por rechazo al que no ayudaba? ¿O eran correctas ambas razones? Para controlar esta variable, se introdujo un personaje neutral y se comprobó que, cuando se les daba la opción, los niños preferían al bueno que al neutral; sin embargo, preferían al personaje neutral que al malo. Esto indicaría que ambas inclinaciones estarían en juego: son atraídos por el primero y sienten aversión frente a este último.

Los pequeños no actúan como jueces imparciales, sino que responden visceralmente con gestos de aprobación ante los momentos de alegría y fruncen el ceño ante los momentos malos. Para Bloom, la teoría correcta de nuestras vidas morales consta de dos partes. Empieza con lo que traemos de fábrica al nacer, que es sorprendentemente rico: los niños son animales morales equipados por la evolución con empatía y compasión, la capacidad de juzgar las acciones de los otros e incluso un sentido rudimentario de la igualdad y la justicia. Pero somos más que niños. Una parte crítica de nuestra moralidad –gran parte de lo que nos hace humanos– emerge en el curso de la historia humana y del desarrollo individual.

Otro estudio de gran relevancia identificó cómo los niños de tan solo 18 meses –al igual que los chimpancés– eran capaces de identificar la necesidad de ayuda de un adulto. El equipo de investigadores desarrolló varios escenarios en los que un adulto se enfrentaba a algún problema cuya solución requería ayuda. En uno de estos escenarios, dejaban caer objetos al suelo y se mostraban incapaces de recogerlos. En todos los casos, niños de 18 meses de edad ayudaron espontáneamente en las tareas, y el 84 % de las veces lo hicieron en los primeros 10 segundos. Eso no es todo... Además, los investigadores hicieron la prueba de dejar caer objetos que no eran relevantes para la tarea que se encontraban realizando, y se constató que los niños solo ayudaban cuando veían que la pinza o cualquiera de los demás objetos de las pruebas eran necesarios para que el adulto pudiera finalizar su tarea. Estos niños mostraron comportamientos altruistas a edad muy temprana, lo que nos haría pensar en algo que es innato, inherente a la especie, como se ha identificado en nuestros ancestros genéticos más próximos, los chimpancés.

Estos estudios podrían hacernos pensar en una capacidad innata para distinguir entre buenas y malas acciones, una moralidad incipiente, que nos permita sentir un esbozo de empatía y compasión, sintiendo algo de la pena de los que nos rodean, haciendo acciones para que esa pena desaparezca. Así como un sentido rudimentario de la imparcialidad y la igualdad, una tendencia a reconocer la importancia del reparto equitativo de los recursos. Podríamos pensar, por último, que estas investigaciones nos sitúan ante la posibilidad de pensar en un temprano y apenas esbozado sentido de la justicia, un deseo de que se recompensen las buenas acciones y de que se castiguen las malas.

Sabemos, entonces, que existe una distinción desde los primeros meses entre el mundo social y el físico. Esto supone la existencia de dos sistemas cognitivos separados. La interpretación de los comportamientos del otro, objetivos, metas y deseos, con atribuciones inherentemente mentales, aparece ya a partir de los seis meses, y también surge muy tempranamente la interpretación de las acciones e interacciones en un sistema de valencias en función del impacto negativo o positivo sobre otros seres sociales. Estas tempranas evaluaciones son los análisis más precoces de nuestro mundo social y pueden servir como la primera piedra de un sistema de cognición moral que se construirá posteriormente (Wynn, 2008).

El aspecto de lo moral que nos impide perder la capacidad de asombro es su universalidad como producto de la cultura. Sin embargo, estos estudios solo ponen en evidencia que hay algo biológico, innato y primitivo en la moral y en el altruismo, lo cual es razonable pensar, considerando que una especie tan intensamente social como la nuestra ha creado un modo innato de favorecer los procesos indispensables para la supervivencia. Hay, es cierto, muchas partes incompletas, pero se dispone de lo suficientemente necesario para que la cultura edifique a partir de allí ese conjunto de creencias, costumbres, valores y normas que funciona como una guía para obrar.

La moral se convierte, así, en una conjunción perfecta entre lo innato y lo adquirido, en una síntesis de lo biológico y lo cultural. A raíz de estas aportaciones, es posible pensar que los bebes poseen fundamentos morales básicos: la capacidad y la voluntad de juzgar las acciones de otros, algún sentido de la justicia y respuestas contundentes frente al altruismo y la maldad.

## 3. Conclusiones

¿Cuál puede ser la importancia de estas investigaciones a la hora de pensarnos en las instituciones educativas? ¿Cuál será nuestro rol desde el ámbito áulico? Existen evidencias empíricas de que cuanto mayor es el desarrollo moral de un alumno, menos factible es que se convierta en agresor. Sabemos que uno de los factores que afecta al comportamiento social son los diferentes contextos culturales en los que se desarrolla cada niño. El comportamiento que podría ser apropiado y correcto para un contexto puede no serlo para otro… Cuán importante es el rol de la escuela como mediadora para que estos niños afronten las diferencias y aprendan habilidades sociales adecuadas y adaptativas.

¿Cuánta de esa cognición moral incipiente de los primeros momentos de vida podremos rescatar con un trabajo de prevención temprana, abordajes necesarios y más significativos que aquellos meramente basados en la emocionalidad y el bienestar personal? ¿Cuán necesario será trabajar con los padres para fomentar actitudes proactivas en sus hijos, en contraposición a lasególatras y narcisísticas tan frecuentes en estos tiempos?

Un programa de intervención en las aulas debería incluir la capacidad para la identificación de problemas interpersonales, la búsqueda de soluciones posibles, la anticipación de la consecuencias, la toma de decisiones y la evaluación de resultados.

Nos hallamos en tiempos de interpelación de nuestras propias prácticas y, una vez más, la neurociencia cognitiva, a partir del trabajo empírico y validado, nos sirve de sostén para intervenciones más eficaces y oportunas.

## Bibliografía

Adolphs, R. (2001). «The neurobiology of social cognition». *Curr. Opin Neurobiol*, 11: 231-239.
— (2002). «Recognizing emotion from facial expressions: psychological and neurological mechanisms». *Behav Cogn Neurosci Rev*, 1: 21-61.
Bloom, P. (2000). *How Children Learn the Meanings of Words*. Cambridge, MA: MIT Press.
— (2001). «Précis of How Children Learn the Meanings of Words». *Behavioral and Brain Sciences*, 24: 1095-1103.
Boyatzis, C. J.; Chazan, E.; Ting, C. Z. (1993). «Preschool children's decoding of facial emotions». *The Journal of Genetic Psychology*, 154(3): 375-382.
Camras, L. A.; Allison, K. (1985). «Children's understanding of emotional facial expressions and verbal labels». *Journal of Nonverbal Behavior*, 9(2): 84-94. Disponible en: <doi:10.1007/BF00987140>.
Gao, X.; Maurer, D. (2009). «Influence of intensity on children's sensitivity to happy, sad, and fearful facial expressions». *Journal of Experimental Child Psychology*, 102(4): 503-521.

— (2010). «A happy story: Developmental changes in children's sensitivity to facial expressions of varying intensities». *Journal of ExperimentalChild Psychology*, 107(2): 67-86. Disponible en: <doi:10.1016/j.jecp.2010.05.003>.

Golan, O., Sinai-Gavrilov, Y.; Baron-Cohen, S. (2015). «The Cambridge Mindreading Face-Voice Battery for Children (CAM-C): complex emotion recognition in children with and without autism spectrum conditions». *Molecular Autism*, 6(22). Disponible en: <http://doi.org/10.1186/s13229-015-0018-z>.

Herba, C. M.; Landau, S.; Russell, T.; Ecker, C.; Phillips, M. L. (2006). «The development of emotion-processing in children: effects of age, emotion, and intensity». *J Child Psychol Psychiatry*, 47(11): 1098-106. Disponible en: <doi:10.1111/j.1469-7610.2006.01652.x>.

Spelke, E.; Breinlinger, K. (1992). «Origins of knowledge». *Psychologican Review*, 99(4): 605-632.

Widen, S (2012). «Children's Interpretation of Facial Expressions: The Long Path from Valence-Based to Specific Discrete Categories». *Emotion Review*, 5(1): 1-6. Disponible en: doi: 10.1177/1754073912451492.

# 5. EL AUTOCONOCIMIENTO NOS PROYECTA A LA ACCIÓN SALUDABLE

— Rosa Casafont i Vilar

## Resumen

Pensar, sentir y comportarnos son los tres ámbitos de nuestra vivencia y forman parte de nuestra experiencia humana. Nuestro cerebro genera procesos emergentes que configuran nuestra mente y que están sometidos a un constante cambio gracias a nuestra capacidad plástica cerebral. Nos transformamos con cada experiencia. Nuestra emoción dirige, siempre en primera instancia, nuestra atención consciente e inconsciente, reforzando pensamientos, sentimientos y comportamientos, pero gracias a nuestra «herramienta máster», la atención consciente, podemos dejar de prestar atención a lo que no nos interesa y prestarla a lo que consideramos relevante. Con ello conseguimos reorientar y dirigir la transformación de la base neural, de circuitos, que sustentan pensamientos, sentimientos y comportamientos más saludables.

Los conocimientos actuales en neurociencia y neurobiología del comportamiento nos permiten afirmar que todos nacemos con capacidad plástica, pero contar con esta capacidad no quiere decir que sepamos dirigirla. La oportunidad para ello radica en saber dirigir la poda de los circuitos neurales gracias a la orientación de la atención operativa y, para minimizar el esfuerzo en ese menester, tenemos a disposición una «brújula», nuestro sentimiento, que nos avisa de cuándo debemos mantener el foco o reorientarlo, para dejar de prestar atención a circuitos desadaptativos y orientarla al refuerzo de los que favorecen nuestra vivencia saludable. Tenemos la posibilidad de dirigir nuestro cambio e influir saludablemente en nuestro entorno desde el valor.

**Palabras clave:** capacidad plástica, atención consciente, sentimiento, epigenética.

# 1. Introducción

La mente, el cerebro y nuestros sistemas se exploran en gran parte a través de un estudio reduccionista. El reduccionismo supone una relación entre teorías y no entre fenómenos. Comporta reducir interrelaciones complejas a principios más sencillos y, a partir de ahí, deducir cómo la esencia humana se manifiesta. Pero, a pesar de esas limitaciones, ahondar en los conocimientos que aporta la neurociencia nos permite descubrir fundamentos importantes para profundizar en nuestra complejidad. Para poder explicar los fenómenos que refleja nuestra esencia y mejorar el autoconocimiento, requerimos una visión amplia y desde diversas disciplinas. Esto nos permite adquirir conocimiento, descubrir recursos interiores y, a partir de aquí, creer en nuestra capacidad de transformación dirigida a facilitar la proyección de nuestro potencial humano.

Los humanos ¿nos entrenamos, sin saberlo, para ser felices o infelices? Nuestras estructuras cerebrales ¿tienen la posibilidad de cambiar tanto de niños como de adultos, y seguir cambiando cuando llegamos a la edad anciana? Y nuestro cerebro ¿sigue fabricando neuronas durante toda la vida, o bien esta capacidad solo la tenemos en fases de desarrollo? ¿Determina la genética nuestra salud o enfermedad, o también la influencia del entorno goza de un protagonismo en nuestro estado de salud? Hablar de ello supone identificar moléculas, células, estructuras y capacidades que sustentan pensamientos, sentimientos y comportamientos, al tiempo que conlleva entender por qué somos capaces de generar efectos saludables o efectos contrarios en nuestras estructuras según sea la valencia de nuestros pensamientos y sentimientos.

Fundamentar las respuestas sobre estas y otras preguntas nos facilita dirigir el proceso de vida hacia un estado de bienestar personal e influir en un estado de bienestar social.

## 2. Fundamentos desde la neurociencia

Somos seres conscientes y capaces de pensar y sentir cuando nuestras neuronas sincronizan su actividad. Saber esto nos puede llevar a preguntarnos si la consciencia es tan solo un conjunto de millones de neuronas conectadas, pero a la vez *sentimos* que somos mucho más que eso. Aunque nos cuesta explicarlo y demostrarlo, sentimos que hay aspectos del «ser» que suponen fenómenos de difícil explicación. Como dice Thomas Metzinguer: «Ningún investigador serio puede negar determinados aspectos del "SER"».

Nuestra *experiencia consciente* posee una cualidad única e intransferible. Tenemos la facultad de experimentar nuestro «mundo personal», nuestras vivencias, de una forma determinada y exclusiva de sentirlas porque cada mente es única, y cada percepción es personal y nuestro cerebro es un órgano complejo y cambiante, dado que algunas de sus *estructuras tienen capacidad de cambio* y esto puede significar una oportunidad para nosotros.

## 3. El cambio es constante

Entrenarse implica dar habilidad a circuitos que posibilitan pensamientos, sentimientos y comportamientos. Supone consolidar circuitos de capacidad que sustentan todas las funciones mentales. Por tanto, aprendemos, incorporamos, automatizamos hábitos y cambiamos. Sabemos que tenemos la capacidad de aprender y memorizar un texto, recordar una película, la lectura de una novela, nuestra historia... Sin embargo, somos reticentes a pensar que este proceso es posible cuando el aprendizaje o el cambio implican a nuestro pensamiento, sentimiento o comportamiento. Somos reticentes a creer que cuando nuestro carácter está formado, tengamos la posibilidad de desaprender conductas y aprender otras más adaptativas. Estamos en lo cierto si pensamos que puede resultar más complicado. Ahora bien, ¿realmente este cambio es posible? Y, de serlo, ¿es posible durante toda la vida? La respuesta es que no solo es posible el cambio, sino que es *inevitable*.

Podríamos deducir que la capacidad de cambio lleva aparejada una oportunidad para nosotros, pero ¡no siempre! Solo estamos ante una oportunidad si realizamos cambios dirigidos. Cuando nos encontremos ante un entorno favorable, su influencia la recibiremos satisfactoriamente, pero si la situación o entorno en el que estamos inmersos en un determinado momento es desfavorable, nos amargaremos la existencia. Nuestro bienestar no depende únicamente de la «valencia» del entorno al que estamos expuestos, sino también de nuestro conocimiento, habilidad, capacidad y actitud para afrontarlo.

Además, existe añadida una capacidad de cambio a nivel de cada núcleo celular, de cambios químicos que modifican la función de nuestro genoma sin que se modifique su estructura. Estos cambios en la regulación de nuestros genes se denominan *cambios epigenéticos*. De tal forma que, si bien la genética determina en parte nuestra salud o enfermedad, la influencia del entorno cobra también un claro protagonismo en estas.

## 4. El cambio saludable tiene una única dirección y un camino definido

Los cambios efectivos siempre tienen una única dirección: de dentro a fuera. No podemos permitirnos que nuestro bienestar dependa de las circunstancias, y, además unas van a resultarnos más difíciles de llevar que otras. Por lo tanto, debemos facilitarnos el proceso. Existen cuatro pasos fundamentales en el camino:

1. Saber por qué y para qué quiero realizar el cambio.
2. Creer que puedo hacerlo.
3. Saber de dónde parto en el proceso de transformación.

4. Saber cómo hacerlo.

El primer paso, *saber por qué y para qué*, no tenemos ni que argumentarlo. Estaremos de acuerdo de forma masiva. Queremos un estado de salud y bienestar e influir en el bienestar social.

Nos convenceremos de *creer que puedo* si adquirimos autococonocimiento. Veamos, pues, algunas de las características de nuestro cerebro y nuestra mente. Tenemos un cerebro social, un cerebro de relaciones que toma decisiones y siempre con la emoción implicada. No podemos decidir únicamente con la razón. Tomamos decisiones solo con la emoción, sin participación de la razón, cuando nos va la vida en ello, y en el resto de los casos decidimos con la emoción y la razón aunadas. Nuestro cerebro, por tanto, se puede definir más como un órgano de conocimiento emocional que racional.

Nuestro cerebro es cambiante, con estructuras que tienen capacidad plástica con cada experiencia. En consecuencia, nuestro «órgano rector» cambia ¡tanto si queremos como si no! Además, hemos mencionado en el punto anterior que existen cambios epigenéticos, cambios químicos que modifican la función de nuestro genoma sin que se modifique su estructura, y estos cambios se relacionan con el aprendizaje, la memoria, las enfermedades neurológicas, la neurogénesis, la capacidad plástica, nuestro mundo emocional, etc.

Nos centraremos fundamentalmente en el conocimiento de estas tres importantes capacidades de cambio: la *neurogénesis* (creación de nuevas neuronas), la *capacidad plástica* de las redes neuronales (o *neuroplasticidad*) y la *epigenética* (cambios químicos que modifican la función de nuestros genes sin modificar su estructura).

A partir de los estudios con animales se ha aceptado de forma universal que tenemos la capacidad de generar células nuevas en diferentes estructuras del cerebro: en el hipocampo, en los ventrículos laterales y a través de las células madre en otras estructuras corticales. El hecho de disponer de estas «fábricas de neuronas» permite que algunas de ellas, las generadas en el hipocampo, se recluten para nuestro aprendizaje y memoria. Esta creencia se mantuvo hasta el mes de marzo de 2018. En esta fecha se dieron a conocer resultados en humanos que cambiaban las expectativas y centraban la posibilidad de generar nuevas neuronas tanto en hipocampo como en la zona ventricular, solo en periodo pre- y neonatal, aunque su maduración progresa hasta aproximadamente los 7 años. Posteriormente, en marzo de este 2019[1] se reiteró que generamos neuronas nuevas en el hipocampo hasta nuestra vejez, y se han justificado los resultados, que la desestimaban en 2018, sobre la base de un problema técnico de fijación del tejido de la muestra, que alteró los resultados. Por lo tanto, podemos seguir afirmando que la neurogénesis es una capacidad de la cual disponemos durante toda la vida y que podemos fomentarla mediante la práctica de ejercicio, el trabajo cognitivo y una vida social gratificante.

Tenemos, por otra parte, la *capacidad plástica* de las redes neuronales. Si bien es cierto que las neuronas cambian poco, las redes que crean entre ellas poseen una gran capacidad de cambio. En segundos podemos ver cómo se forman nuevas sinapsis de conexión entre las neuronas, según comenta un prestigioso referente en este campo, como es el neurólogo Alvaro Pascual-Leone.

En nuestro cerebro existen unas estructuras más plásticas que otras. Una de las que más lo es es el hipocampo. Lo denomino «el creador dinámico» en el Método Thabit, porque posee, entre sus funciones, la capacidad de generar nuevas neuronas. Es protagonista en diferentes tipos de memoria, tiene gran capacidad plástica y está implicado en el aprendizaje. También existe capacidad plástica en la corteza cerebral. Según manifiesta el Dr. Joaquín M. Fuster (2014), la corteza cerebral llega al mundo con un potencial ilimitado de cambio. La amígdala tiene una cierta capacidad plástica y memoria emocional y, además, es capaz de percibir estímulos de

---

1. En marzo de 2019 se publicó en Nature Medicine que el giro dentado del hipocampo adulto humano genera neuronas hasta la vejez. El estudio se realizó con una amplia colaboración: María Llorens-Martín, del Centro de Biología Molecular Severo Ochoa, y colaboradores del Centro de Investigación Biomédica y Enfermedades Neurodegenerativas, la Fundación CENT y la Universidad Europea de Madrid.

milisegundos de duración, a los cuales reaccionamos sin ser conscientes de ello.

Los cambios epigenéticos son la tercera posibilidad que hemos comentado. Se trata de cambios químicos que, si bien no influyen en cuanto a alterar la estructura de nuestros genes, sí que influyen en su función, en su expresión (pasan a ser funcionales) o en su silencio (dejan de ser funcionales). Nos referiremos a ello un poco más adelante.

Hemos de señalar que estas tres capacidades: neurogénesis, neuroplasticidad y epigenética, no son solo capacidades que nos permiten el cambio, sino que también son capacidades influenciables. Esto supone para nosotros una oportunidad. Podemos estimularlas de forma saludable a través de cuidar hábitos físicos y mentales (alimentación, ejercicio, sueño reparador, calidad de vida mental, establecimiento de relaciones gratificantes...) y evitando tóxicos, tanto físicos como mentales, entre los destacan el estrés y la soledad. Ser consciente de esto justifica la necesidad de un proceso educativo cognitivo-emocional continuo.

Veamos el tercer paso del proceso, *saber de dónde parto*. Tenemos la capacidad para aprender y para desaprender, y ambas constituyen aprendizaje. Esta capacidad no está distribuida por igual en todas las estructuras de nuestro cerebro. Estructuras situadas en el tronco encefálico y en el subcórtex (estas últimas correspondientes al cerebro emocional o límbico, que procesa y es responsable de las emociones básicas, como miedo, ira, tristeza, alegría, sorpresa y asco) no tienen la misma plasticidad que la corteza. Estas estructuras primarias son la base imprescindible para que se puedan generar emociones más elaboradas que requerirán la participación de otros sectores de la corteza, algunos de ellos también integrados actualmente dentro del concepto de *cerebro límbico*.

Formando parte de la neocorteza, y detrás de la frente, está una de las áreas de asociación más importantes: la corteza prefrontal. En ella hay dos sectores más emocionales, como son la corteza prefrontal medial y la corteza prefrontal orbitofrontal, y un tercer sector más racional, la corteza prefrontal dorsolateral, responsable de la planificación y de la memoria de trabajo. La corteza prefrontal no acaba su maduración hasta los 24-27 años de edad.

Desde nuestra llegada al mundo se dan tres fases importantes de cambios programados genéticamente en nuestro árbol de circuitado cerebral. Entre los 2 y los 4 años tiene lugar la primera fase de poda programada. En la preadolescencia, entre los 7-11 años, la segunda, y en la adolescencia, la tercera. Esas fases son influenciables por las condiciones del entorno, de tal forma que, como afirma Álvaro Pascual-Leone, la responsabilidad del educador es guiar la poda, no estimular la plasticidad, porque la plasticidad es una capacidad que tenemos todos.

En los cerebros adolescentes se produce una gran revolución: la integración de procesos cognitivos y emocionales en sus cortezas frontales y temporales se enfrenta a estructuras que aún no han concluido su maduración y, además, en función del sexo, debido a las diferencias existentes por influencias hormonales entre chicos y chicas, existen estructuras en distinta fase de maduración, como el hipocampo, la amígdala, la ínsula (implicada en el autoconocimiento y la capacidad empática) o la corteza cingulada anterior (responsable de emociones complejas, un sector relacionado con nuestra atención y en la cual se encuentran también neuronas involucradas en la capacidad empática). Estos cambios en los adolescentes se traducen en una gran necesidad de ser reconocidos, en una susceptibilidad al abandono y a la frustración, y en una mayor tendencia a buscar y valorar las recompensas inmediatas, sin valorar los posibles riesgos que puedan entrañar a medio o largo plazo. Existe una gran oportunidad en esta fase evolutiva, dado que los adolescentes poseen valores como la creatividad y una alta capacidad de entrega si les motiva la situación en la que están implicados.

La corteza prefrontal es la sede del cerebro ejecutivo, donde se generan pensamientos y sentimientos y gracias a la cual anticipamos y prevemos el futuro, generamos nuestras emociones sociales, morales y nuestros juicios. Allí es donde inhibimos conductas y se toman las decisiones más elaboradas, con la integración de la emoción y la razón. Sin embargo, las estructuras más emocionales siempre dejan huella en absolutamente todas las funciones mentales. Por eso, precisamente, somos más emocionales que racionales.

Si nos preguntamos qué pasa en nuestro cerebro y nuestro cuerpo cuando nos afecta un estímulo, ya sea consciente o inconsciente, observamos que existe la participación de muchas de sus estructuras. Se produce una actividad en cascada neurobiológica que se da también ante un pensamiento. El pensamiento acaba expresándose en una dimensión espacio-tiempo, a través de una «ducha química», adaptativa o no, dependiendo de si es saludable o todo lo contrario.

Hemos de aprender a modificar pensamientos, a aprender y a desaprender para configurar hábitos diferentes y, además, podemos hacerlo de forma dirigida a través de nuestra atención operativa consciente, nuestra «herramienta máster» (definida así en el Método Thabit). Nuestros circuitos son sensibles a la energía electromagnética y también a la energía que imprimimos en ellos cuando prestamos atención. El lugar donde centramos la atención consciente o inconsciente lo reforzamos, pero la oportunidad de dirigir el cambio la tenemos solo con la atención consciente.

Si nuestro pensamiento es saludable, generamos efectos neurobiológicos saludables, a través de la producción de serotonina, reguladora del estado de ánimo; oxitocina, hormona del apego, y endorfinas, neurotransmisores de la felicidad que potencian el sistema inmunitario, forman parte del sistema opioide endógeno que disminuye el dolor y tienen efectos más potentes que la propia morfina. Las endorfinas estimulan la producción de dopamina, neurotransmisor de la motivación por excelencia, y disminuyen la SP (Sustancia P), neurotransmisor con efectos proinflamatorios.

Si el pensamiento es negativo, disminuimos la producción de estos neurotransmisores y, en contrapartida, se producen, y en exceso, el cortisol, el glutamato, la SP, la adrenalina y la noradrenalina. Los efectos de este cóctel, si se mantiene en el tiempo, resultan nefastos para nuestro sano equilibrio y se traducen en una depresión del sistema inmunitario, alteraciones en la atención, la memoria y el aprendizaje, e incluso la muerte neuronal, trastornos del estado de ánimo y enfermedades orgánicas a largo plazo.

Podemos automatizar tanto una forma de pensar saludable y adaptativa como una desadaptativa. Nos entrenamos para ello sin ser conscientes de estar haciéndolo. La oportunidad pasa por identificarlo y aprender a dirigir el cambio. Pero, por si esto fuera poco, debemos apuntar que, además, somos absolutamente responsables de la influencia que ejercemos en los demás, porque tenemos una exquisita habilidad para aprender por imitación ya desde los primeros meses de nuestra vida, e influimos en uno u otro sentido en función de nuestro «valor individual».

Con tan solo unos pocos meses de vida, somos capaces de detectar el estado de ánimo de nuestra madre o padre cuando entran en la misma habitación en la que nos hallamos. Nuestra amígdala es la que iniciará la orden de que nuestra mirada se dirija y oriente para detectar la expresión de sus caras y sus cuerpos.

Aprendemos por imitación, por atención compartida y por empatía. Comunicamos de forma holística con la cara, el cuerpo, y en esa comunicación intervienen de forma magistral, primero, nuestra amígdala, que tan solo necesita un impacto de milisegundos para reaccionar, y después, las neuronas espejo, responsables de nuestra capacidad empática a través de imprimir en nosotros un conocimiento cognitivo (interpretamos lo que piensan los demás), emocional (sentimos lo que sienten) y somático (percibimos en nuestro cuerpo las sensaciones que perciben).

Como podemos confirmar, todo nuestro cerebro y cuerpo intervienen en nuestro aprendizaje, en nuestra vivencia (pensar, sentir y comportarnos). A esta habilidad se le añaden los efectos epigenéticos, modificaciones en la expresión de los genes, sin modificación de su estructura. Una de las fuentes que produce más modificaciones epigenéticas es el factor ambiental. Los cambios químicos epigenéticos unidos al ADN o a las histonas, proteínas que lo empaquetan dentro del núcleo celular, expresan o silencian genes. Estas modificaciones se producen a través del estilo de vida, de la alimentación, de si estamos o no sometidos al efecto de tóxicos, de si practicamos o no ejercicio, de si nuestro sueño es reparador o de si estamos sometidos a estrés…

*Saber cómo hacerlo* será el último aspecto que tener en cuenta en nuestro camino de vida. Se producen en nosotros cambios favorables si meditamos, si hacemos ejercicio físico, si ejercitamos nuestra mente, si nos relacionamos socialmente y enriquecemos nuestra vivencia. Saber cómo hacerlo supone saber qué hacer, pero también saber qué evitar, y evitaremos todo aquello que pueda dañar tanto a nuestro cuerpo como a nuestro cerebro y mente. Anteriormente hemos comentado que el tóxico físico y mental por excelencia en nuestra sociedad actual es el estrés. Dentro del concepto *estrés* debemos incluir los estímulos sutiles estresantes tan arraigados en nuestra sociedad como la multitarea, la autoexigencia o exigencia externa, las creencias limitantes, la saturación de información, la falta de límites, el aislamiento social, etc.

El estrés en la primera infancia suele producir alteraciones, fundamentalmente, en el hipocampo, y como consecuencia habrá una atención deficitaria y un apagado emocional. Cuando se han analizado las consecuencias del estrés en el adolescente, se ha confirmado que existen menos neuronas en su corteza prefrontal; la corteza cingulada anterior se reduce (recordemos que interviene en el procesamiento de emociones complejas). Si esta corteza se daña, puede desembocar en comportamientos agresivos e inestabilidad emocional y se producen alteraciones del sueño. La corteza prefrontal es la más sensible al daño en la adolescencia, y recordemos que en su seno están la ínsula y la corteza cingulada anterior, ambas relacionadas con la capacidad empática, la cual, por tanto, tenderá a alterarse. Nos falta saber qué hacer.

Una *alimentación* a base de dieta mediterránea se ha demostrado muy saludable: ha de aportar polifenoles, folatos, ácidos grasos Ѡ3 y vitamina B12, y es clave la ingesta de agua para mantener una buena hidratación, así como evitar carne roja, harinas refinadas y azúcares añadidos.

Se ha de practicar *ejercicio* de forma habitual. El ejercicio, sobre todo el aeróbico, provoca cambios positivos en moléculas, células, estructuras, funciones y capacidades. Mejora la memoria a corto, medio y largo plazo; favorece la neurogénesis, la creación de nuevas sinapsis y nuevos vasos; tiene efectos antiinflamatorios y antiálgicos y potencia el sistema inmune; mejora la tolerancia al estrés y la reserva cognitiva en el adulto que practicó ejercicio durante la infancia; protege contra trastornos alimentarios y del estado de ánimo; potencia las habilidades cognitivas y las funciones ejecutivas, y facilita la capacidad resiliente a corto, medio y largo plazo.

También es fundamental el *sueño reparador*. El cuidado del cuerpo y el cerebro requiere hábitos regulares y nuestra mente quiere diversidad. Es importante preservar los horarios y prepararse para poder descansar durante el sueño. Proteger el sueño noREM mejora nuestro sistema inmune y regenera el cuerpo. Proteger el sueño REM mejora la memoria, regenera el cerebro y elimina circuitos que podrían ser negativos, mientras consolidamos en la memoria aquellos que nos ayudan a promover la buena calidad de vida mental.

Incorporar herramientas rápidas (del método Thabit) como, la risa, el humor, el juego, la visualización saludable, la relajación, practicar de forma continuada, el *mindfulness* u otros tipos de meditación, hacer uso del «KIT de emergencia»[2], escuchar música, bailar, mimar los sentidos, practicar artes plásticas, dar lugar al afecto, las caricias, los abrazos, etc.: todas estas prácticas han demostrado beneficios a todos los niveles. Debemos adaptar estrategias para cuidar nuestra mente, educar el afecto e identificar, conocer, regular y adquirir competencias emocionales.

---

2. En el método Thabit, definido como una triple herramienta: técnica de respiración suave, postura corporal correcta y salivación.

En definitiva, es indiscutible la necesidad de una educación emocional a lo largo de toda la vida.

Hemos de aprender a *reestructurar nuestro pensamiento*, adquirir la habilidad para modular la atención y centrarla en lo que queremos y no en lo que no queremos. Siempre que nuestro sentimiento sea negativo y lo hagamos consciente, tendremos la oportunidad de reorientar la atención consciente y dirigirla, en aquel preciso momento, a lo que deseamos. Lo que queremos nos hace sentir bien; por lo tanto, el sentimiento es nuestra «brújula» para detectar dónde situamos la atención y nos brinda la oportunidad de minimizar el esfuerzo si dirigimos nuestra atención consciente al resultado que esperamos de la situación que estamos viviendo. Por último, no podemos olvidarnos de la habilidad para automotivarnos, para aprender a reevaluar nuestras creencias y practicar el pensamiento creativo.

## 5. Conclusiones

Nuestra reflexión es importante. Dado que nuestro cerebro es un cerebro social y cambiante, que es un órgano que toma decisiones y que tiene la finalidad de pasar a la acción, necesitamos recursos y estrategias, tanto personales como interpersonales, para aplicarlas a nuestra experiencia vivencial. Necesitamos educación emocional, educar el afecto, ser capaces de la reestructuración cognitiva y regular el comportamiento. Debemos cuidar el cuerpo, el cerebro y la mente. No podemos olvidarnos de cuidar células y moléculas, estructuras, funciones y capacidades funcionales de esas estructuras. Podemos aprender a crear y a desestructurar hábitos, a adquirir conocimientos, habilidades, competencias emocionales y actitud de vida sobre la base de los valores fundamentales, y esta educación nos permitirá influir en la sana educación de nuestros compañeros de vida.

Si contar con conocimientos y adquirir habilidades es importante, nuestra actitud para afrontar la vida es también trascendente, por lo que hemos de esforzarnos para adquirir herramientas personales e interpersonales a fin de crear, primero, coherencia entre pensar, sentir y comportarnos, y más adelante, coherencia entre nuestro comportamiento y los valores fundamentales. Esto nos predispone a fomentar una comunicación afectiva y efectiva. Este proceso marca nuestra capacidad para crear bienestar personal y social. Por tanto, partir del autoconocimiento nos proyecta y facilita una acción saludable.

## Bibliografía

Casafont, R. (2012). *Viaje a tu cerebro. El arte de transformar tu mente.* Barcelona: Ediciones B.
— (2014). *Viaje a tu cerebro emocional. Una inmersión al mundo de las emociones.* Barcelona: Ediciones B.
Casafont, R.; Casas, L. (2017). *Educarnos para educar. Neuroaprendizaje para transformar la educación.* Barcelona: Destino.
Damasio, A. (2018). *El extraño origen de las cosas.* Barcelona: Destino.
Kahneman, D. (2013). *Pensar rápido, pensar despacio.* Barcelona: Ariel.
Mora, F. (2013). *Neuroeducación. solo se puede aprender aquello que se ama.* Madrid: Alianza.
Morgado, I. (2012). *Cómo percibimos el mundo. Una exploración de la mente y los sentidos.* Barcelona: Plataforma.
Pascual-Leone, A. (2019). *El cerebro que cura.* Barcelona: Plataforma.
Rizzolatti, G. (2006). *Las neuronas espejo: Los mecanismos de la empatía.* Barcelona: Paidós.

# 6. NEUROCIENCIA SOCIAL EN EL AULA: BASES NEUROCOGNITIVAS PARA LA INTERACCIÓN SOCIAL

— Fabián Román

## Resumen

Nuestra cognición social nos permite adecuar nuestro comportamiento para relacionarnos con los demás. Somos seres sociales y hemos necesitado de estas habilidades como especie para lograr nuestra supervivencia. Está claro que nuestras relaciones sociales son una fuente de información de la cuales aprendemos patrones neurocognitivos que repercuten en nuestros pensamientos, emociones y relaciones interpersonales. Este aprendizaje se desarrolla en escenarios sociales como la familia y, por supuesto, la escuela.

Conocer los distintos componentes de la cognición social, su neurodesarrollo y sus neurocircuitos nos permite adecuar los escenarios de aprendizaje para optimizar las estrategias neurodidácticas que nos ayuden a potenciar las habilidades neurocognitivas y la propia cognición social.

**Palabras clave:** cognición social, ToM, teoría de la mente, empatía, estilo atribucional, percepción social, cognición moral, neuronas espejo, emociones, red, neurodesarrollo, funciones neurocognitivas, amígdala, corteza prefrontal, aprendizaje.

# 1. Introducción

El estudio de las funciones neurocognitivas (como atención, memoria, lenguaje, función ejecutiva) nos evidencia cómo nuestro cerebro procesa información del mundo externo y de nuestro propio cuerpo. Esta forma de cognición nos ha permitido, como especie, resolver problemas, comunicarnos, descubrir el átomo, escribir poemas y escudriñar el universo. Pero solo desde hace pocos años la neurociencia comenzó a aportar conocimiento sobre los fenómenos sociales: ¿qué ocurre en nuestros cerebros cuando interactuamos con los demás?, ¿qué sucede cuando nuestro cerebro se comunica con otro?, ¿cuáles son las bases de la empatía?, ¿podemos entender qué factores influyen en el desarrollo del cerebro social?, ¿cómo influyen los demás en el desarrollo de nuestra propia neurocognicion? Estas son las preguntas a que intenta responder la neurociencia social.

La *cognición social* es definida como la capacidad de construir representaciones mentales de las relaciones que existen entre uno mismo y los demás, así como la de usar de forma flexible estas representaciones para funcionar eficazmente en el entorno social (Adolphs, 2001, 2003).

Es interesante reflexionar sobre las relaciones sociales y su rol a lo largo de las distintas etapas de la vida. Durante nuestra infancia, adolescencia y primera juventud, nuestra red social nos permite alcanzar, básicamente, tres objetivos:

- Conocernos a nosotros mismos, pues el otro nos devuelve a través de muchas señales verbales y no verbales información para desarrollar el autoconcepto del *self*; los demás son una fuente para el autoconocimiento.
- Obtener información y conocimiento sobre el mundo desde la experiencia de los demás (aprendizaje vicariante).
- Recibir un *feedback* adecuado para incluirnos en grupos sociales, lo cual facilita la adaptación y, por ende, la supervivencia.

En cambio, en la vida adulta, nuestras relaciones sociales (laborales, de pareja, de padres e hijos) son una fuente para nuestra propia gestión emocional. Finalmente, el adulto mayor se centra en buscar y valorar el significado y la trascendencia de cada una de las relaciones sociales que le permitan privilegiar las emociones funcionales e inhibir aquellas que no lo son.

Sin duda, además de la familia, el aula es el ámbito en el cual basamos gran parte de nuestro aprendizaje social. La escuela, los docentes, los compañeros, el mismo sistema educativo, pueden ser un escenario maravilloso para estimular nuestras habilidades sociales; pero también puede representar un escenario de riesgo en el cual se faciliten habilidades disfuncionales y la aparición de trastornos con graves consecuencias para la vida de los estudiantes.

Con el impulso de las investigaciones desde las neurociencias cognitivas se comenzó a identificar los procesos de neurodesarrollo y los neurocircuitos relacionados con la cognición social. La esquizofrenia, el autismo, el síndrome de Asperger o las demencias son solo algunos de los trastornos que se han relacionado con alteraciones en los distintos subcomponentes de la cognición social. Nos orientamos a la búsqueda de evidencia sobre la relación entre la cognición social y el aprendizaje, su valor en el neurodesarrollo, las formas de evaluarla, sus implicaciones en los contextos ecológicos del aula y sus relaciones con nuestro funcionamiento social cotidiano.

## 2. Emociones y cognición social

Somos seres sociales y, sin duda, necesitamos del otro para nuestro desarrollo. Nuestras relaciones sociales están íntimamente ligadas a nuestro mundo emocional, con lo cual reconocer las emociones en el otro nos da una información clave para relacionarnos con él.

Las emociones tienen varias funciones y conocerlas nos permite observar su impacto en nuestro funcionamiento cotidiano. En primer lugar, son una forma de comunicación y lenguaje, pues, al expresar emociones, estas están enviando al otro un mensaje no verbal sobre cómo nos sentimos. En palabras de Paul Eckman, una sonrisa puede observarse a 80 metros de distancia, justo la misma distancia que un hombre, de promedio, alcanza al tirar una piedra. El lenguaje emocional no es verbal, sino a través de gestos, miradas, la posición del cuerpo, las conductas y la prosodia, y esto es crucial para entender que este lenguaje emocional se aprende en contextos sociales. En segundo lugar, las emociones nos ayudan a tomar decisiones: tenemos en cuenta las emociones para decidir si continuamos en un trabajo, mantenemos una relación de pareja o vamos al cine un sábado por la tarde. Tomamos decisiones a través de conocer como nos sentimos. En tercer lugar, la adecuada gestión de las emociones nos da una gran ventaja, ya que nos permite una mejor adaptación en los grupos sociales.

La *alegría* es la emoción que favorece la cohesión social, nos acerca al grupo. Sin alegría no nos hubiéramos convertido en seres sociales. Cuando sentimos alegría nuestro cerebro busca compartirla. En palabras de un escritor amigo, la alegría es como la tos: no se puede disimular.

Si la alegría nos acerca al otro, la *cooperación* nos potencia con el otro. La cooperación nos ha permitido desarrollarnos en sociedad. Las investigaciones sobre cooperación muestran cómo cuando los individuos cooperan entre sí, no solo se libera dopamina en el sistema de placer y recompensa, lo cual activa el núcleo *accumbens* e involucra también la corteza prefrontal y el hipocampo: cuando cooperamos nuestro cerebro lo disfruta. La cooperación facilita la integración de información proveniente de distintas áreas del cerebro a través de la activación de la corteza prefrontal y estimula los procesos de memoria mediante la activación del hipocampo.

En la cooperación no solo se facilita el aprendizaje, sino que en ella el grupo nos da un *feedback* de nuestro propio desempeño. Algunas investigaciones (Roseth *et al.*, 2008) muestran incluso cómo cuando los adolescentes cooperan y aumentan sus interacciones sociales satisfactorias, se eleva su rendimiento académico. Los docentes debemos entender que los procesos de cooperación facilitan el aprendizaje no solo de contenido específico, sino también de conductas sociales y estrategias para la gestión emocional. En el aprendizaje cooperativo se establecen objetivos comunes, se comparten estrategias, se estimula la participación e inclusión y, por último, todos son responsables del resultado final. Para que los estudiantes puedan cooperar deben haber adquirido buenas competencias basadas en una adecuada cognición social.

## 3. ¿Qué es la cognición social?

La cognición social es el conjunto de procesos neurocognitivos no solo implicados en el intercambio de señales específicas, como la expresión facial, el movimiento del cuerpo y la mirada (Frith y Frith, 2007), sino también en la interpretación y las respuestas que generamos ante las intenciones y comportamiento de los demás, de forma que nos permita una adecuada interacción social (Ostrom, 1984; Brothers, 1990).

Estos procesos cognitivos sociales son los implicados en cómo elaboramos inferencias sobre las intenciones y creencias de otras personas y cómo evaluamos los distintos factores de las situaciones sociales al hacer dichas inferencias (Green, Olivier, Crawley, Penn y Silverstein, 2005). La cognición social se refiere a aquellas habilidades neurocognitivas que aparecen cuando interactuamos con el otro y actúa adaptando la neurocognicion del individuo a su funcionamiento social (Brekke *et al.*, 2005). Una mejora en la cognición social supone una mejora en el funcionamiento social cotidiano.

Nuestro desarrollo de la cognición social está ligado a la adquisición de habilidad para representar las intenciones de otras personas y las creencias (teoría de la mente, o ToM, por sus siglas en inglés, *theory of mind*), así como la habilidad de compartir las emociones de los demás (empatía) (Lieberman, 2007). Cada una de estas habilidades muestran diferentes trayectorias ontogenéticas que reflejan el desarrollo de diferentes neurocircuitos subyacentes (Singer, 2006).

Para los docentes, es transcendental comprender que la adquisición de las habilidades sociales de los estudiantes está regida por los ritmos y periodos de maduración cerebral y por su interacción con el ambiente. Esto permite adecuar cada una de las intervenciones docentes y diseñar un currículum que acompañe el neurodesarrollo.

## 4. ¿Cuáles son los subcomponentes de la cognición social?

Sobre la base de las extensas investigaciones que se han desarrollado en los últimos años, diversos autores coinciden en señalar que la cognición social está formada por varios subcomponentes (Brekke *et al.*, 2005; Green *et al.*, 2005; Green y Nuechterlein, 1999; Penn *et al.*, 2005). Describiremos, a continuación algunos, de ellos.

**Procesamiento emocional**

Se refiere a todos los procesos neurocognitivos involucrados en la percepción, comprensión, regulación emocional y habilidad de su uso que permiten generar una conducta social. Existen pautas universales para la expresión facial de las emociones básicas, pero también se ha planteado que la expresión de las emociones puede variar en función de las costumbres, normas y creencias sociales. Esto no es necesariamente contradictorio, ya que las emociones básicas surgen ante los mismos estímulos y cursan con expresiones similares. También se ha probado que existen otras emociones dependientes en mayor medida de la cultura, de una determinada dinámica social y de una evaluación previa a su manifestación. Este es el caso de las emociones morales, cuya experiencia subjetiva y expresión motriz se originan en función de las reglas consensuadas por el grupo social. El procesamiento de la expresión emocional del otro es la primera etapa para el desarrollo de la ToM.

## Teoría de la mente (ToM)

El término fue propuesto por Premack y Woodruff en 1978 y se refiere a la habilidad de explicar y predecir el comportamiento de otras personas mediante la atribución de estados mental independientes al nuestro (Baron-Cohen, 1995; Frith y Frith, 1999; Leslie, 1987). La ToM nos permite reconocer los estados mentales del otro, sus creencias, sus intenciones y sus deseos, los cuales son clave para que podamos comprender su comportamiento. Desde el punto de vista social, su importancia radica en que nos permite explicarnos y predecir las intenciones, deseos y comportamientos de los otros. Por lo tanto, cuanta más desarrollada tengamos esta habilidad, más fácil será sobrevivir en grupos sociales, ya que podemos comprender sus representaciones. En síntesis, cuando desarrollamos una adecuada ToM podemos comprender no solo las intenciones o comportamientos del otro, sino también de qué forma se representa el mundo. Desde que se inició el estudio de la ToM se ha observado que su déficit puede ser altamente discapacitante; esto se observa en varios síndromes clínicos, tales como el autismo y la esquizofrenia, en los cuales esta carencia es característica (Baron-Cohen, Leslie y Frith, 1985; Brune, 2005; Brunet-Gouet y Decety, 2006; de Hardy-Bayle, Sarfati y Passerieux, 2003; Walter *et al.* 2009). Además, se ha evidenciado su déficit en otras enfermedades, como las demencias (Allegri, 2003), en el deterioro cognitivo vascular, en la epilepsia (Butman *et al.*, 2003), en la enfermedad cerebelosa (Abel *et al.*, 2003) y en el deterioro cognitivo leve.

## Percepción social

La percepción social es la habilidad para valorar reglas, roles y el contexto social. Para poder valorar estos elementos hay que dirigir la atención hacia las señales sociales clave que nos permitirán ubicarnos e interpretar adecuadamente una situación social determinad: «Es el tipo de percepción que requiere leer entre líneas» (Penn *et al.*, 1997). La percepción social está influenciada por la habilidad de identificar los elementos o señales sociales que caracterizan a una situación; a esta habilidad se la denominó *esquema social* (*social script*) (Green *et al.*, 2005). Estos esquemas sociales tienen cuatro componentes básicos: las acciones, los roles, las reglas y las metas, que actúan como guías para que el individuo pueda actuar adecuadamente en las situaciones sociales en las que se encuentra. Después de percibir la situación social, es necesario atravesar dos etapas cruciales:

1. La identificación rápida de las conductas posibles ante la situación.
2. La decisión de qué conducta es adecuada o inadecuada y la influencia de factores situacionales (Bellack, Blanchard y Mueser, 1996; Newman y Uleman, 1993). Esta etapa es la más difícil, ya que se exige una evaluación rápida, hacer inferencias, compararla con experiencias anteriores y atribuirle un valor.

## Estilo o sesgo atribucional

El estilo o sesgo atribucional son las explicaciones que el individuo atribuye a los resultados propios o de los demás, ya sean positivos o negativos. De esa manera, el individuo otorga un significado a lo sucedido (Green *et al.,* 2005). «El estilo atribucional puede estar exacerbado, distorsionado o ser selectivo en los aspectos hostiles o amenazantes de los demás» (Fenigstein, 1997). Asimismo, se observa otro estilo en individuos que llegan a conclusiones de forma precipitada, sin buscar o evaluar las evidencias para corroborarlas, cosa que pasa en algunos pacientes esquizofrénicos (Penn, Jones y Munt, 2005).

**Empatía**

Existen tantas definiciones de *empatía* como personas hay que trabajan en el tema. Por lo tanto, es clave definir adecuadamente el término. Algunos autores aportan una definición amplia de la empatía, como «una respuesta afectiva más apropiada a la situación del otro que a la propia». Así definida, la empatía incluye otros tipos de conceptos relacionados, como el contagio emocional, la simpatía y la toma de perspectiva cognitiva. Para comprender la empatía en su dimensión más esencial, la de la afectividad compartida, algunos autores (Vignemont y Singer, 2009) nos aportan los cuatro criterios para considerar a una situación como empática:

a) La persona está en un estado afectivo.
b) Este estado es isomorfo al estado afectivo de la otra persona.
c) Este estado es provocado por la observación o la imaginación del estado afectivo de otra la persona.
d) Se sabe que la otra persona es la fuente del propio estado afectivo.

## 5. Neurodesarrollo de la cognición social

El recién nacido posee una extraordinaria capacidad para la detección de referentes sociales (habilidad asociada con el surco temporal superior), la imitación (habilidad asociada a las regiones prefrontal y parietal) y la afiliación mutua, que inicia un proceso social entre él y el vínculo con sus referentes sociales (madre u otros cuidadores), un proceso en el cual la oxitocina y la vasopresina parecen jugar un papel importante (Carter, Williams, Witt e Insel, 1992). Este neurodesarrollo de las habilidades sociales que empiezan en la infancia serán determinantes en todo el funcionamiento neurocognitivo de la persona e impactarán en diversos ámbitos, incluido el escolar.

El trauma temprano, al cual nos referimos como una situación de estrés crónico desencadenado por estímulos intensos, que puede afectar, lentificando y/o frenando el desarrollo del lóbulo prefrontal (por aumento crónico del cortisol), y en diversos grados la función ejecutiva, dificulta la adquisición de nuevas habilidades sociales y afecta directamente el neurodesarrollo y el aprendizaje (Tirapu Ustárroz *et al.* 2001). Adolphs (1999) señala que esta dificultad disejecutiva entorpecerá el procesamiento estímulos sociales y emocionales, lo cual dificultará la adquisición de representaciones sociales del entorno que son útiles para la interacción social.

Kennedy y Adolph (2012), en un excelente trabajo de revisión bibliográfica, describieron cuatro redes involucradas en la cognición social.

- *Red amigdalina*, que participa en la detección de amenazas, la evaluación emocional y la regulación emocional, cuyas regiones involucradas son la amígdala y orbitofrontal.
- *Red de la teoría de la mente*, implicada en la atribución automática de los estados mentales, cuya región involucrada es la prefrontal medial y las temporales superiores.
- *Red de la empatía*, que participa en la detección automática de rostros y en la respuesta emocional a la angustia de los demás, a través de la ínsula y la amígdala.
- *Red de las neuronas espejo*, que contiene las neuronas que responden tanto a las acciones observadas como a las ejecutadas por el referente social, con la participación del lóbulo parietal y las regiones prefrontales.

Una característica del neurodesarrollo es que las distintas áreas cerebrales involucradas en la cognición social tienen su propio ritmo de madurativo, que no se dan de manera simultánea. Un funcionamiento inadecuado de los lóbulos prefrontales repercute en algunas de las funciones de los sistemas de memoria, sistemas atencionales, funciones ejecutivas, etc., que dependen de ellos; por lo tanto, la cognición social puede verse afectada. Por otro lado, estudios realizados con resonancia magnética funcional llevados a cabo por Baron-Cohen mostraron correlatos neurobiológicos en el procesamiento de los estímulos relacionados con la teoría de la mente, y se identificó la integración de redes neurales entre la corteza prefrontal medial, el cíngulo anterior, la circunvolución temporal superior y los lóbulos temporales y la amígdala.

Algunos autores han sugerido que la arquitectura modular del cerebro adulto no se consigue solo por la maduración o por el aprendizaje, sino por una vía intermedia, denominada «especialización interactiva», que conduce a una actividad cerebral cada vez más específica y focalizada. Esto ocurre por los cambios estructurales y neurofisiológicos del cerebro asociados con el desarrollo de la experiencia; grandes regiones de la corteza prefrontal se ponen en marcha en las etapas de aprendizaje temprano, y luego se desarrollan regiones más focales que se asocian al desempeño y la competencia (Sakai, Ramnani y Passingham, 2002). Este patrón de actividad cerebral cada vez más específica y focal, acompañado por la edad, se ha demostrado en varias regiones involucradas en la cognición social (Gweon, Dodell-Feder, Bedni y Saxe, 2012).

Este conocimiento construye un puente entre el neurodesarrollo y el aula que nos muestra una nueva manera de comprender la conducta social, al permitirnos diseñar nuevas estrategias didácticas basadas en la cognición social, así como pensar tempranamente cómo estimular esas habilidades sociales que nos permitan alcanzar una sociedad más tolerante, solidaria e inclusiva.

# Bibliografía

Adolphs, R.; Tranel, D. (2004). «Impaired judgments of sadness but not happiness following bilateral amygdala damage». *J Cogn Neurosci,* 16: 453-62.

Barceló, E.; Fonseca, L.; Aguirre, D. C.; Gelves, M.; Roman, F.; Benítez, J. C. (2018). «Normative data of the *Cambridge Mindreading* test in Spanish for young adults in the city of Barranquilla, Colombia». *Arch Neurocien,* 23(1).

Carstensen, L. L.; Turk Charles, S. (1998). «Emotion in the Second Half of Life». *Current Directions in Psychological Science,* 7(5):144-149.

Cheryl, L.; Donaya, G.; Keightley, M.; Lee, W. (2007). «The Effect of Age on Memory for Emotional Faces». *Neuropsychology,* 21(3): 371-380.

Corrigan P. W.; Addis I. (1995). «The effects of cognitive complexity on social sequencing task in schizophrenia». *Schizophr Res,* 161: 37-144.

Deambrosio, R. F. *et al.* (2017). «Efectos del maltrato en la neurocognición. Un estudio en niños maltratados institucionalizados y no institucionalizados». *Revista Latinoamericana de Ciencias Sociales, Niñez y Juventud,* 16(1): 239-253.

Frith, C. D. (1992). *The cognitive neuropsychology of schizophrenia.* Hove: Lawrence Erlbaum Associates.

Johnson, M. H. (2005). «Subcortical Face Processing». *Nature Reviews Neuroscience,* 6(10):766-74.

Mather, M.; Canli, T.; English, T.; Whitfield, S.; Wais, P.; Ochsner, K., *et al.* (2004). «Amygdala responses to emotionally valenced stimuli in older and younger adults». *Psychol Sci,* 15: 259-63.

Moreno, C.; Borod J. C.; Welkowitz J.; Alpert M. (1993). «The perception of facial emotion across the adult life-span». *Dev Neuropsychol,* 9: 305-14.

Román, F.; Rojas G.; Román, N.; Iturry, M.; Blanco, R.; Leis, A. *et al.* (2012). «Baremos del test de la mirada en español, en adultos normales de Buenos Aires». *Rev Neuropsicol Latinoam,* 4(3): 1-5.

Ruffman, T. (2008). «A meta-analytic review of emotion recognition and aging: implications for neuropsychological models of aging». *Neurosci Biobehav. Rev.,* 32(4): 863-81.

# 7. EL CEREBRO EJECUTIVO EN EL AULA: DE LA TEORÍA A LA PRÁCTICA

— Jesús C. Guillén

## Resumen

El director ejecutivo de nuestro cerebro, el lóbulo frontal, es el encargado de realizar las funciones cognitivas más complejas que nos caracterizan a los seres humanos y que nos definen como seres sociales: las funciones ejecutivas. Estas capacidades, relacionadas con la gestión de las emociones, la atención y la memoria, nos permiten el control cognitivo y conductual necesario para planificar y tomar decisiones adecuadas. Por ello, son imprescindibles para el aprendizaje y el desarrollo socioemocional del niño y del adolescente y tienen un enorme protagonismo en el aula. El estudiante necesita concentrarse, reflexionar o controlar sus impulsos. Así, por ejemplo, utiliza la memoria de trabajo para almacenar información temporal que resulta útil para resolver problemas; la flexibilidad cognitiva para analizar las tareas desde diferentes perspectivas, o el autocontrol para dominar la impulsividad y tomar las decisiones apropiadas, y todas ellas son funciones ejecutivas básicas. Investigaciones recientes en el campo de la neurociencia nos están suministrando información relevante y sugieren que las funciones ejecutivas pueden mejorarse a cualquier edad con el debido entrenamiento. Desde la perspectiva educativa, esto es muy importante, pues los estudios revelan que las funciones ejecutivas, como la memoria de trabajo o el autocontrol, son buenos predictores del rendimiento académico del alumnado y de su bienestar personal.

**Palabras clave:** control inhibitorio, corteza prefrontal, flexibilidad cognitiva, funciones ejecutivas, memoria de trabajo.

## 1. Introducción

> *Hemos de preocuparnos por el bienestar emocional, social y físico de los niños si queremos que sean capaces de resolver problemas, ejercitar el autocontrol o utilizar de forma adecuada cualquier función ejecutiva.*
>
> Adele Diamond

El desarrollo del cerebro humano en el proceso evolutivo de nuestra especie nos ha permitido adaptarnos al entorno y aprender resolviendo problemas de creciente complejidad. Ello requirió la existencia de un sistema de regulación cognitiva que nos facilitara afrontar de forma eficiente los retos novedosos que nos exigía la supervivencia, siendo este el cometido de las llamadas funciones ejecutivas del cerebro.

La capacidad de controlar nuestras acciones depende de la integridad de este sistema de función ejecutivo, una red extensa distribuida fundamentalmente en la corteza prefrontal, aunque sabemos que otras áreas cerebrales también intervienen en el proceso. Esta región que nos hace realmente humanos está situada en la parte anterior del lóbulo frontal, es el área mejor conectada del cerebro y se desarrolla de forma mucho más lenta que otras regiones cerebrales. De hecho, su proceso de maduración puede alargarse hasta pasados los veinte años y esto podría explicar la mayor dificultad para controlarse que muestran muchas veces los adolescentes. Aunque es la región más moderna del cerebro, también es la más vulnerable. El estrés, la tristeza, la soledad o una mala condición física pueden perjudicar el buen funcionamiento de la corteza prefrontal. Por ejemplo, en una situación de estrés se pueden manifestar síntomas parecidos a los asociados al TDAH debido a la dificultad para pensar con claridad o ejercitar el adecuado autocontrol (Diamond y Lee, 2011).

Las funciones ejecutivas que la gran mayoría de investigadores considera como básicas son el control inhibitorio, la memoria de trabajo y la flexibilidad cognitiva, las cuales permiten desarrollar otras funciones complejas como el razonamiento, la resolución de problemas y la planificación. En la práctica, estas funciones ejecutivas básicas están directamente relacionadas. Por ejemplo, si un niño tiene que esperar su turno para participar en una actividad colectiva, como puede ocurrir durante una representación teatral o en un juego, ha de saber cuándo debe intervenir y cuándo dejar de hacerlo para que lo haga otro compañero (control inhibitorio). Cuando tenga que intervenir de nuevo, deberá recordar lo que debe hacer (memoria de trabajo), y si algún compañero hace algo impredecible, el pequeño tendrá que ser capaz de ajustar lo que hará seguidamente (flexibilidad cognitiva).

Este conjunto de habilidades que está directamente vinculado al proceso madurativo de la corteza prefrontal es muy importante para la vida cotidiana y resulta imprescindible para el éxito académico (Best, Miller y Naglieri, 2011) y el bienestar personal del alumnado. Y, tal como analizaremos en los apartados siguientes, se pueden entrenar y mejorar a cualquier edad a través de procedimientos diferentes con la práctica adecuada, por lo que consideramos que enseñar a desarrollar estas funciones ejecutivas, especialmente en la infancia, debería ser una prioridad educativa.

## 2. Funciones ejecutivas básicas

Aunque sabemos que en la práctica las funciones ejecutivas básicas están directamente relacionadas, es interesante analizar algunos aspectos concretos de cada una de ellas.

## Control inhibitorio

Es la capacidad que nos permite inhibir o controlar de forma deliberada conductas, respuestas o pensamientos automáticos cuando la situación lo requiere. Así pues, a los niños a los que les cuesta inhibir los impulsos responden sin reflexionar, buscan recompensas inmediatas o tienen dificultades para proponerse objetivos a largo plazo, por ejemplo. En la práctica, será más fácil para el alumno comprometerse en una tarea o finalizarla si entiende las opciones que tiene antes de decidirse a actuar, reconoce cómo le afecta esa acción o puede visualizar la opción correcta para esa tarea.

Un buen control inhibitorio del niño aparece cuando es capaz de mantener la atención en la tarea que está realizando sin distraerse (la llamada atención ejecutiva), tal como ocurre cuando participa en una canción grupal, interviene en una obra de teatro, realiza una construcción de bloques o intenta andar sin que se le caiga el huevo que sostiene con una cuchara en la boca. Todos ellos son ejemplos claros de actividades tradicionales que facilitan el desarrollo de las funciones ejecutivas del niño y que nos demuestran la importancia del juego, de las artes y del movimiento en la educación. Y en cuanto al componente conductual de la inhibición (autocontrol), qué importante es que el niño disponga del tiempo necesario para reflexionar. Como en el caso de la llamada tarea «día-noche» en la que ha de responder «día» cuando se le muestra una luna y «noche» cuando aparece un sol. Unos segundos destinados a cantar «piensa en la respuesta, no me la digas» son suficientes para mejorar su desempeño en esa tarea típica de entrenamiento del autocontrol sin crear ningún tipo de interferencia en su pensamiento.

## Memoria de trabajo

La memoria de trabajo constituye un sistema de mantenimiento y manipulación temporal de la información que es necesario para realizar tareas cognitivas complejas que requieren comprensión, razonamiento o aprendizaje. En el contexto general del aula, a los niños que presenten déficits en su memoria de trabajo les costará realizar tareas que requieren varios pasos, y también podrán tener problemas para retener pequeñas cantidades de información al realizar una actividad, lo cual puede llevar a un ritmo de aprendizaje más lento y a dificultades académicas relacionadas con la lectura o el cálculo matemático, por ejemplo. Por ello, resulta útil para estos niños subrayar, apuntar todo lo necesario, desarrollar ciertos automatismos al leer o escribir o clarificar los objetivos de aprendizaje.

La narración de historias constituye una estupenda forma de ejercitar la memoria de trabajo del niño porque focaliza la atención durante periodos de tiempo prolongados y necesita recordar todo lo que va sucediendo (como la identidad de los distintos personajes o detalles concretos de la historia) e integrar la nueva información en lo ya sucedido. Y como una muestra más de la naturaleza social del ser humano, se ha comprobado que cuando se le narra una historia al niño mejora más su vocabulario y el recuerdo de detalles de la misma que cuando la lee simplemente, siendo muy importante la interacción entre el adulto que cuenta la historia y el niño (Gallets, 2005). Asimismo, cuando el niño cuenta una historia a un compañero, intenta memorizar la letra de una canción, o participa en un juego que consiste en realizar movimientos concretos asociados a imágenes aparecidas, también ejercita su memoria de trabajo.

### Flexibilidad cognitiva

Es la capacidad para cambiar de forma flexible entre distintas tareas, operaciones mentales u objetivos. Conlleva el manejo de estrategias fluidas que nos permiten adaptarnos a situaciones inesperadas pensando sin rigidez y liberándonos de automatismos poco eficientes. Como, por ejemplo, cuando el niño participa en una actividad en la que en unas situaciones ha de hablar y, en otras, ha de escuchar. O cuando tiene que elegir entre diferentes estrategias para resolver un problema y existe la necesidad de ser creativo. Es por ello que el desarrollo de la flexibilidad cognitiva se puede facilitar si utilizamos analogías y metáforas, planteamos problemas abiertos, permitimos diferentes opciones para la toma de decisiones o asumimos con naturalidad el error en el proceso de aprendizaje. Tareas como llevar una cometa, jugar a fútbol o caminar por un entorno natural conllevan un uso adecuado de flexibilidad mental, porque se han de ir ajustando las decisiones a las circunstancias que se van dando.

## 3. En la práctica

A continuación, analizamos brevemente algunos programas o intervenciones que se han puesto en práctica en el aula y que parecen incidir positivamente sobre el desarrollo de las funciones ejecutivas, especialmente en aquellos estudiantes con peor funcionamiento de las mismas o que pertenecen a entornos socioeconómicos desfavorecidos:

### Programas informáticos

Existen programas de ordenador que integran el componente lúdico, como Cogmed, que han resultado beneficiosos para mejorar la memoria de trabajo, aunque no está claro que esta mejora pueda transferirse a las tareas académicas (Roberts *et al.*, 2016). Otro ejemplo concreto es el videojuego NeuroRacer que está diseñado para realizar dos tareas a la vez, una de discriminación perceptiva y otra de coordinación visomotriz, que mejoró en jóvenes y en personas de la tercera edad la atención sostenida y la memoria de trabajo (Anguera *et al.*, 2013). Asimismo, hay indicios de que determinados juegos de ordenador pueden mejorar las capacidades cognitivas, como la atención ejecutiva, en la etapa de educación infantil (Rueda, Checa y Cómbita, 2012).

### Programas de actividad física

Aunque los programas de actividad física continuados han producido efectos positivos sobre el aprendizaje en niños y adolescentes, los mejores resultados para las funciones ejecutivas se obtienen cuando se combina con una mayor actividad mental, como en el caso de las artes marciales. En un estudio en el que participaron niñas y niños con edades comprendidas entre los 5 y los 11 años, se analizaron los efectos producidos por un programa de taekwondo respecto a los de un programa de educación física tradicional. Después de tres meses, los resultados indicaron que los alumnos del grupo de artes marciales habían mejorado más que los del otro grupo en todas las medidas realizadas de las funciones ejecutivas, tanto cognitivas como afectivas, y en la autorregulación emocional (Lakes y Hoyt, 2004), algo especialmente útil en estudiantes con TDAH.

### Programas de educación emocional

Este tipo de programas promueven el aprendizaje de toda una serie de competencias sociales y emocionales, como el autocontrol u otras asociadas a las funciones ejecutivas. Así, por ejemplo, en el programa PATHS se les enseña a los niños que cuando están enfadados han de abrazarse como una tortuga y hacer un par de respiraciones profundas. Este parón les ayuda a calmarse. Y muy beneficiosos han resultado también programas que incorporan técnicas de relajación y meditación en el aula, como MindUP. Este programa de entrenamiento en mindfulness para la etapa de Primaria que se combina con actividades que promueven el optimismo, la gratitud o la bondad ha demostrado una mejora de la capacidad cognitiva de los alumnos, que va acompañada de otra no menos importante asociada a habilidades socioemocionales como el autocontrol, la respuesta al estrés, la empatía o las relaciones entre compañeros (Mahoney *et al.*, 2016).

## Enseñanza bilingüe

Nuestro cerebro tiene una enorme capacidad para aprender varias lenguas en la infancia temprana y ello confiere diversas ventajas. Las personas bilingües muestran una mejor atención ejecutiva y obtienen mejores resultados en tareas que requieren control inhibitorio, memoria de trabajo visoespacial o flexibilidad cognitiva. En el caso de niños de 5 años se han identificado los patrones de actividad electrofisiológica que diferencian a los cerebros bilingües respecto a los monolingües y que les permiten un mejor desempeño ejecutivo (Barac, Moreno y Bialystoc, 2016). Incluso, cuando bebés de 7 meses aprenden a identificar una señal auditiva o visual que anticipa la aparición de un objeto en una pantalla, aquellos que son educados en un entorno bilingüe son capaces de reorientar la atención cuando el objeto aparece de forma sorpresiva en otra posición, a diferencia de los monolingües que siguen esperando que el objeto aparezca en la misma situación (Kovacs y Mehler, 2009).

## 4. Conclusiones

Como hemos comentado, existen diferentes formas de entrenar directamente las funciones ejecutivas. Sin embargo, algunos investigadores sugieren que las intervenciones más beneficiosas son aquellas que trabajan las funciones ejecutivas de forma indirecta, incidiendo en lo que las perjudica —como el estrés, la soledad o una mala salud— y provocando mayor felicidad, vitalidad física y un sentido de pertenencia al grupo (Diamond y Ling, 2016). ¿Y cuáles son estas estrategias? Pues todas aquellas que están en consonancia con lo que proponemos desde la neuroeducación. Si para un buen funcionamiento ejecutivo lo más importante es fomentar el bienestar emocional, social o físico, el aprendizaje del niño tiene que estar vinculado al movimiento, el entretenimiento, las artes o la cooperación. O si se quiere, nada mejor para facilitar un aprendizaje eficiente y real que promover la educación física, el juego, la educación artística y la educación socioemocional. Seguramente, el entrenamiento puramente cognitivo no sea la forma idónea de mejorar la cognición. El éxito académico y personal requiere atender las necesidades sociales, emocionales y físicas de los niños y jóvenes. Hoy, más que nunca, es necesaria —y posible— una nueva educación. A nuestro cerebro plástico y social le encantan este tipo de retos.

## Bibliografía

Anguera, J. A. *et al.* (2013). «Video game training enhances cognitive control in older adults». *Nature*, 501(7465): 97-101.
Barac, R.; Moreno, S., Bialystok, E. (2016). «Behavioral and electrophysiological differences in executive control between monolingual and bilingual children». *Child Development*, 87(4): 1277-1290.
Best, J. R.; Miller, P. H.; Naglieri, J. A. (2011). «Relations between executive function and academic achievement from ages 5 to 17 in a large, representative national simple». *Learning and Individual Differences*, 21: 327-336.
Diamond, A.; Lee, K. (2011). «Interventions and programs demonstrated to aid executive function development in children 4-12 years of age». *Science*, 333: 959-964.
Diamond, A.; Ling D. S. (2016). «Conclusions about interventions, programs, and approaches for improving executive functions that appear justified and those that, despite much hype, do not». *Developmental Cognitive Neuroscience*, 18: 34-48.
Gallets, M. P. (2005). «Storytelling and story reading: a comparison of effects on children's memory and story comprehension». *Electronic Theses and Dissertations*, 1023.
Kovács, A. M.; Mehler J. (2009). «Cognitive gains in 7-month-old bilingual infants». *PNAS*, 106: 6556-6560.
Lakes, K. D.; Hoyt, W. T. (2004). «Promoting self-regulation through school-based martial arts training». *Applied Developmental Psychology*, 25: 283-302.

Mahoney, J. E.; Lawlor, M. S.; Schonert-Reichl, K. A.; Whitehead, J. (2016). «A *mindfulness*-based social and emotional learning curriculum for school-aged children: the MindUP Program». En: Kimberly A. Schonert-Reichl y Robert W. Roeser (eds.), *Handbook of Mindfulness in education: integrating theory and research into practice*. Nueva York: Springer.

Roberts, G.; Quach, J.; Spencer-Smith, M.; et al. «Academic Outcomes 2 Years After Working Memory Training for Children With Low Working Memory: A Randomized Clinical Trial». *JAMA Pediatr.* 170(5). Disponible en doi:10.1001/jamapediatrics.2015.4568

Rueda, M. R.; Checa, P.; Cómbita, L. M. (2012). «Enhanced efficiency of the executive attention network after training in preschool children: Immediate changes and effects after two months». *Developmental Cognitive Neuroscience*, 2(1): 192-204.

# 8. PROPUESTA EN ACCIÓN 1 – COGNICIÓN MATEMÁTICA: DE LA EVIDENCIA CIENTÍFICA A LA PRÁCTICA FUNDAMENTADA

— Sandra Torresi

## Resumen

Las investigaciones emergentes sostienen que los niños cuentan desde edades muy tempranas con habilidades matemáticas que pueden desarrollarse utilizando estrategias de enseñanza basadas en la evidencia. Desde esta perspectiva, se vinculan los aportes de la neurociencia cognitiva, la psicología y las ciencias de la educación sobre las habilidades cognitivas específicas y generales implicadas en el desarrollo de la cognición matemática para diseñar e implementar intervenciones fundamentadas.

**Palabras clave:** neuroeducación, competencia matemática, procesos cognitivos, estrategias de intervención.

# 1. Introducción

Las habilidades matemáticas básicas conforman un recurso adaptativo imprescindible para responder al entorno cultural en el que abunda información cuantitativa que debe ser procesada. Por este motivo, el conocimiento de los componentes cognitivos relevantes para su adquisición y desarrollo (Navarro, Aguilar, Alcalde, Ruiz, Marchena y Menacho, 2011) es un tema clave para el campo de la neuroeducación. En la actualidad, es muy profusa la investigación desde la neurociencia cognitiva y la psicología cognitiva sobre los procesos específicos y los dominios neuropsicológicos generales (memoria, atención, lenguaje, funciones ejecutivas) que predicen el nivel de desempeño matemático (Kolkman, Hoijtink, Kroesbergen y Leseman, 2013). Sin embargo, es escasa la traducción de estos saberes fundamentales en indicadores de desarrollo de la competencia y en estrategias de enseñanza efectivas.

## 2. Procesos cognitivos específicos y generales

El punto de partida en el desarrollo de la cognición matemática es un *sentido numérico preverbal,* innato y universal para comprender y manipular cantidades en forma aproximada (Starr, Libertus y Brannon, 2013) compartido con otras especies animales (Szkudlarek y Brannon, 2017). Dehane (2007) propuso el término *protomatemática* para describir la etapa en la que el número precede a la verbalización, y Carey (2011) el de *cognición nuclear,* pues sería la raíz neuropsicológica del futuro aprendizaje matemático. La precisión de este Sistema de Aproximación Numérico (ANS) es un predictor específico del desempeño matemático (Libertus, Odic y Halberda, 2012) que se va acentuando a través del tiempo y la estimulación (Dehane, 2011).

Los preescolares pueden comparar y adicionar cantidades no simbólicas con exactitud dependiendo de la proporción entre las numerosidades (Barth, La Mont, Lipton y Spelke, 2005), así como responder a problemas simbólicos aproximados antes de aprender la aritmética formal (Gilmore, McCarthy y Spelke, 2010). No obstante, las propuestas educativas tienden a «formalizar» su matemática desconociendo el valor predictivo de las habilidades no simbólicas.

**Figura 2.** ¿En dónde hay más? Ejemplo de estímulo presentado en tareas de comparación de cantidades no simbólicas (puntos).

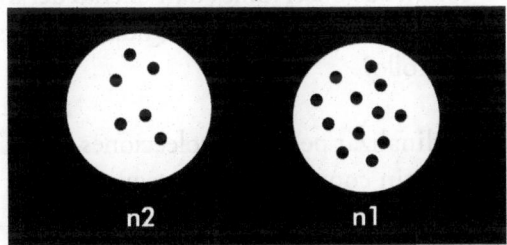

La aparición del lenguaje oral y escrito transforma sustancialmente la aritmética elemental (Geary, 2015). El *sentido numérico verbal* se desarrolla progresivamente junto con el código arábigo (Rosselli y Matute, 2011). Los niños «nombran» con palabras-número: /uno/, /dos/, /tres/..., aprenden a contar en voz alta y manipulan cantidades y números. A partir de la escolarización, se sistematiza la representación simbólica (posicional) con una «gramática» diferente y más económica respecto de la representación verbal (Starr, Libertus y Brannon, 2013) y se construye progresivamente una *línea numérica mental* (Dehane, 2007), fundamental para el procesamiento del número y el cálculo.

Las diversas actividades de conteo y numeración consolidan el sentido numérico y se desarrollan habilidades que permiten administrar los recursos cognitivos con mayor eficacia; por ejemplo, descomponer 7 + 5 en 5 +5 + 2 para realizar el cálculo (Butterworth, 2005), o recordar de forma automática cálculos almacenados en la memoria verbal a largo plazo: 6 x 5 = 30, 2 + 2 = 4. Los cálculos básicos o las tablas de multiplicar requieren mediación fonológica (Peake, Jiménez, Villaroel y Bisschop, 2012) para acceder al «almacén de asociaciones verbales» en secuencias de palabras: «seis por cinco treinta», «dos más dos cuatro».

## 3. Indicadores de desarrollo y estrategias fundamentadas

¿Qué tareas o conductas observables dan cuenta del nivel de desarrollo de la competencia matemática? ¿Qué estrategias educativas favorecen su desarrollo?

- *Subitizar.* Cardinalizar pequeñas colecciones (hasta 3) de forma rápida, exacta y sin contar es un prerrequisito para el conteo.
- *Contar.* Cardinalizar colecciones en forma exacta. Al determinar la extensión de una colección pueden observarse errores en la secuencia de la serie 1, 2, 3, 4, 7… o en la coordinación entre la palabra-número y el gesto manual. La organización espacial lineal o aleatoria de los estímulos influye en el proceso de barrido visual de los elementos. Por ejemplo, los estímulos alineados promueven el conteo de izquierda-derecha-arriba-abajo coincidente con la direccionalidad de la lectura, mientras que una organización aleatoria requiere mayores recursos ejecutivos para determinar una estrategia de conteo efectivo.
- *Aproximar.* Cardinalizar colecciones de varios elementos sin contar. Activa el sistema de aproximación numérica y pone en evidencia el sistema semántico numérico…: su significado.
- *Aprender secuencias orales.* Contar fluidamente de forma ascendente y descendente. La recta numérica funciona como soporte visual para descargar memoria de trabajo y ensayar la secuencia de la serie descendente.
- *Transcodificar.* Cambiar de un código de representación a otro. El conocimiento de las características de cada formato y las

particularidades del cambio mejora la fluidez en tareas de reconocimiento de arábigos, copia de arábigos, escritura con palabras-número o números dictados. Los procesos de transcodificación se complementan con tareas orientadas al desarrollo del sistema semántico numérico: asociar el número con la cantidad que representa en situaciones contextualizadas.

**Figura 3.** Transcodificación numérica de la representación verbal oral (aditiva) a la representación arábiga (posicional) formato arábigo.

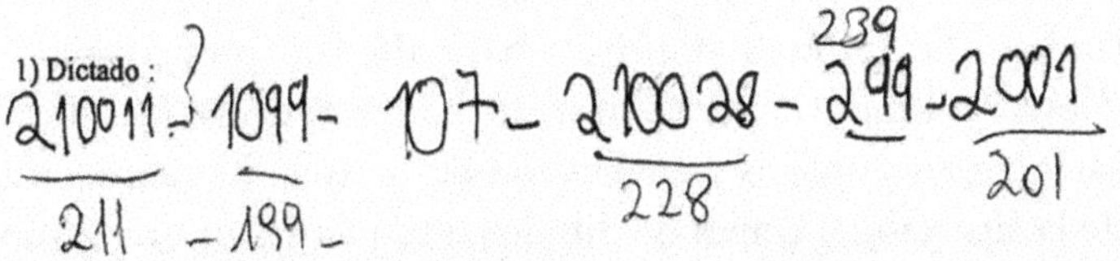

1) Dictado:
210011 − 1099 − 107 − 21028 − 239 299 − 2001
211  − 199 − 228  201

| Representación en formato arábigo | Representación verbal-escrita | Representación verbal-oral |
|---|---|---|
| 211 | doscientos once | /doscientosonce/ |

- *Comparar números.* Determinar si un número es mayor o menor que otro. Requiere procesos semánticos para ubicarlos espacialmente en la línea mental numérica.
- *Calcular mentalmente.* Estrategia que pone en evidencia la disponibilidad de un repertorio de cálculos automatizados y la habilidad para componer y descomponer números. La memoria de trabajo mantiene «en línea» el resultado de la descomposición mientras se realiza la operación siguiente. Para evitar la sobrecarga del almacenamiento de esta información verbal, se respalda visualmente con el registro de resultados parciales. El cálculo mental no se diferencia del escrito por el soporte (lápiz y papel), sino por la estrategia de resolución.
- *Resolver operaciones.* Requiere memoria de procedimientos y acceso automático a los hechos numéricos básicos (números do-

bles, tablas de multiplicar). El tiempo de ejecución, en especial de restas y divisiones, es más importante como indicador de velocidad de procesamiento que el propio error de cálculo.

| 32 + 21 | (30 + 20) + (2 +1) | (32 + 20) + 1 |

- *Resolver problemas.* Establecer relaciones entre los datos de la situación y transformar la información lingüística y numérica en lenguaje matemático para responder a la pregunta del problema. La resolución de problemas evidencia habilidades matemáticas específicas y recursos ejecutivos fundamentales: memoria de trabajo, flexibilidad cognitiva para alternar procedimientos y control inhibitorio para planificar, toma de decisiones, flexibilización de estrategias y conclusión de la tarea. La representación de la situación a través de dibujos o esquemas es una estrategia que organiza, acompaña la acción y facilita la toma de decisiones con respecto a los recursos necesarios para la resolución.

¿Es de suma... de resta? ¿Multiplico?

La evolución del sentido numérico se produce en una clase abierta, flexible, con propuestas y estrategias que invitan a explorar, cuestionar, verificar y buscar significado de las acciones y que están orientadas hacia una matemática contextualizada, en la cual se considera relevante:

- el desarrollo de la autorregulación del aprendizaje a través de las funciones ejecutivas;
- el abordaje multisensorial en el procesamiento de la información;
- el modelado como estrategia fundamental;
- la significatividad para el estudiante del *feedback* inmediato sobre su desempeño;
- el valor del refuerzo positivo;

- las altas expectativas del educador respecto de sus estudiantes, así como la expresión de alegría por sus logros.

## 4. Conclusiones

El desarrollo cerebral es producto de un proceso de co-construcción entre lo genético y lo ambiental, una dinámica que se evidencia en la predisposición natural para la matemática que el ambiente cultiva y enriquece (Molko *et al.*, 2009).

En este sentido, la neuroeducación como interdisciplina en expansión es una ciencia básica que puede ser utilizada luego en la práctica escolar cotidiana (Gabrieli, 2016), porque logra una síntesis entre la evidencia científica y el diseño de propuestas de intervención. Para enriquecer los resultados y para generar estrategias susceptibles de ser aplicadas, estas investigaciones deben surgir también de contextos educativos (Howard-Jones, Varma, Ansari, Butterworth, De Smedt, Goswami y Thomas, 2011) y avanzar con mayor celeridad para mejorar los niveles de desempeño de los estudiantes.

# Bibliografía

Barth, H., Cordes, S.; Patalano, A. (2018). «*Suboptimality in perceptual decision making and beyond. Behavioral and Brain Sciences*», 41. Disponible en: doi:10.1017/S0140525X18001528

Butterworth, B. (2005). *Developmental dyscalculia*. En: J. I. D. Campbell (ed). *The handbook of mathematical cognition* (pp. 455-467). Nueva York: Psychology Press.

Carey, S. (2011). «The Origin of Concepts». *Behavioral and Brain Sciences*, 34: 113-124.

De Castro, C. (2007). «La evaluación de métodos para la enseñanza y el aprendizaje de las matemáticas en Educación Infantil». *Unión*, 11: 59-77.

Dehane, S. (2007). «A few steps towards science of mental life». *Mind, Brain and Education*, 1: 28-47.

— (2011). *The number sense: How the mind creates mathematics*. Nueva York: University Press.

Gabrieli, J. (2016). «The Promise of Educational Neuroscience: Comment on Bowers». *Psychological Review*, 123(5): 613-619.

Geary, D. (2015). «Development and measurement of preschoolers' quantitative knowledge». *Mathematical Thinking and learning*, 17(2-3): 237-243.

Gilmore, C.; McCarthy, S.; Spelke, E. (2010). «Non-symbolic arithmetic abilities and mathematics achievement in the first year of formal schooling». *Cognition*, 115: 394-406.

Howard-Jones, P.A.; Varma, S.; Ansari, D.; Butterworth, B.; De Smedt, B.; Goswami, U.; Thomas, M. (2016). «The Principles and Practices of Educational Neuroscience». *Psicogente*, 21(40): 476-494.

Kolkman, M. E.; Hoijtink, H. J.; Kroesbergen, E. H.; Leseman, P. P. (2013). «The role of executive functions in numerical magnitude skills». *Learning and Individual Differences*, 24: 145-151.

Libertus, M. E.; Feigenson,L.; Halberda, J.(2013). «Is approximate number precision a stable predictor of math ability?» *Learning and Individual Differences* (25): 126-133.

Libertus, M. E.; Odic, D.; Halberda, J. (2012). «Intuitive sense of number correlates with math scores on college-entrance examination». *Acta Psychologica*, 141: 373-379.

Molko, N.; Cachia, A.; Rivière, D.; Mangin, J.; Bruandet, M.; Le Bihan, D. *et al.* (2009). «Functional and Structural Alterations of the Intraparietal Sulcus in a Developmental Dyscalculia of Genetic Origin». *Neuron*, 40: 847-858.

Navarro, J. I.; Aguilar, M.; Alcalde, C.; Ruiz G.; Marchena E.; Menacho I. (2011). «Inhibitory processes, working memory, phonological awareness, naming speed, and early arithmetic achievement». *The Spanish Journal of Psychology*, 14(2): 580-588.

Peake, C.; Jiménez, J.; Villaroel, R.; Bisschop, E. (2012). «Comorbilidad con otros trastornos del aprendizaje: dislexia y discalculia». En: Juan Eugenio Jiménez González (coord.). *Dislexia en español. Prevalencia e indicadores cognitivos, culturales, familiares y biológicos*. Madrid: Pirámide.

Roselli, M.; Matute, E. (2011). «La neuropsicología del desarrollo típico y atípico de las habilidades numéricas». *Revista de Neuropsicología, Neuropsiquiatría y Neurociencias*, 11(1): 123-140.

Starr, A.; Libertus, M.; Brabbon, E. (2013). «Number sense in infancy predicts mathematical abilities in childhood». *PNAS*, 110(45): 18116-18120.

Szkudlarek E.; Brannon E. M. (2017). «Does the approximate number system serve as a foundation for symbolic mathematics?». *Language Learning and Development*, 13(2): 171-190.

# 9. PROPUESTA EN ACCIÓN 2 – EL JUEGO DESDE LA PERSPECTIVA NEUROEDUCATIVA: DE LA PEDAGOGÍA MONTESSORI A LA GAMIFICACIÓN EDUCATIVA

— José Luis Redondo Prieto

## Resumen

El juego siempre ha sido un recurso que el docente ha usado en el aula. La pedagoga Maria Montessori lo identificaba como el trabajo del niño, afirmando que para el niño no existe diferencia entre juego y trabajo.

Hoy en día, el juego ha evolucionado hacia muchas formas, en especial el juego con intencionalidad educativa: *serious games*, rol en el aula, aprendizaje basado en juegos y gamificación o ludificación educativa.

Este capítulo se centra en las evidencias que respaldan el uso del juego en el aula, en especial las que sustentan el desarrollo de la gamificación educativa.

**Palabras clave:** gamificación, juego, neuroeducación.

# 1. Introducción

La gamificación educativa como estrategia de enseñanza-aprendizaje persigue aumentar la motivación del alumnado y conseguir un mayor compromiso con el desarrollo de las tareas educativas.

Consiste en crear una narrativa que aporte sentido al currículo educativo. Básicamente, debemos centrarnos en crear una narrativa organizada según unos parámetros de tiempo, espacios, personajes y acciones (mecánicas de juego) con un objetivo final claro: facilitar y dinamizar el proceso de aprendizaje del alumnado.

# 2. La importancia de la narrativa según la neuroeducación

Que las buenas historias nos enganchan es algo de sobra conocido. De hecho, existen múltiples formas de organizar una narrativa: el ciclo del Héroe de Campbell, las funciones narrativas de Propp o la gramática de la Fantasía de Rodari.

Según Paul J. Zak (2015), existe una correlación entre la generación de oxitocina y las historias que nos enganchan y emocionan. En sus estudios mostró a personas vídeos de diferentes temáticas sociales: el tabaco, el abuso del alcohol o el calentamiento global. A cada uno de ellos se le había suministrado oxitocina intranasal o bien un placebo, sin que los sujetos supieran qué sustancia habían aspirado.

Lo interesante del estudio es que después de ver los vídeos se les preguntó si querían hacer una donación a esa campaña social parte del dinero recibido por su participación.

Los resultados mostraron que las personas que habían recibido oxitocina habían donado un 56 % más que aquellos que habían recibido el placebo, lo que demostraba que la oxitocina había promovido un comportamiento más empático y prosocial tras haber visto esos vídeos.

En otro estudio analizaron las muestras de sangre de 42 voluntarios después de haber visto alguno de los vídeos de temática social, para medir después la concentración de oxitocina y la hormona ACTH. Los resultados revelaron que el aumento de la concentración de la hormona ACTH y el de la oxitocina se correlacionaban, respectivamente, con el grado de atención prestado a la historia y con una mayor implicación con la temática social del vídeo.

Estos estudios muestran que las buenas historias atraen nuestra atención y provocan que nos involucremos emocionalmente. Ello abre una puerta a la gamificación educativa como estrategia que permite captar la atención de nuestro alumnado mediante el desarrollo de una narrativa que, a su vez, logre conectar emocionalmente con ellos.

## 3. El desarrollo cerebral con el juego

El juego es universal en los mamíferos más desarrollados: perros, osos, delfines, primates, seres humanos, roedores..., e incluso hay especies de cuervos que se ha comprobado que juegan. Y no solo los animales juegan en sus etapas infantiles, sino siguen jugando cuando llegan a ser adultos.

La pregunta que nos surge es: ¿por qué algunos seres vivos tendrían que desperdiciar tiempo y energía en jugar?, ¿existe algún beneficio biológico para los seres vivos que juegan en su etapa adulta?

En un estudio de Pellis e Iwaniuk (2004) se demostró que los roedores con cerebros más grandes no jugaban más, sino que el contenido de su juego era más flexible, lo cual sugiere que el juego nos permite contar con más alternativas en nuestra adaptación al entorno.

Tal y como sostiene Pellegrini (2009), jugar permite a los individuos generar un repertorio de posibles comportamientos que se adapten mejor a su nicho específico, lo que favorece la selección de los individuos mejor adaptados.

En otro estudio, Pellis y Pellis (2009) descubrieron relaciones claras entre el nivel de comportamiento en el juego y cambios fisiológicos en el cerebro, de modo que las ratas lúdicas presentaban niveles más altos de BDNF, factor esencial para la plasticidad y el desarrollo cerebral. Por el contrario, las ratas privadas de juego eran más agresivas, más temerosas ante nuevos ambientes, y tenían más dificultades para aparearse.

Stuart Brown, en ¡A jugar! (Brown y Vaughan, 2010), señala estudios de Sergio Pellis, Andrew Iwaniuk y John Nelson con mamíferos en los que se ha identificado un vínculo entre el tamaño del cerebro y las ganas de jugar, incluso en las etapas adultas. Asimismo, recoge las investigaciones de Jaak Panksepp y John Byers. Panksepp demuestra que el juego estimula la producción de BDNF en la amígdala (procesamiento emocional) y en la corteza prefrontal dorsolateral (toma de decisiones), mientras que Byers ha descubierto que la cantidad de juego guarda relación con el desarrollo de la corteza frontal. Byers sostiene que durante el juego el cerebro aprende a conocerse a sí mismo a través de simulacros, simulacros que nos permiten experimentar sin poner en riesgo nuestra integridad física y emocional.

La última aportación de Stuart Brown es la investigación de Marian Diamond, que en los años sesenta demostró que las ratas criadas en entornos ricos en estímulos eran más listas y tenían un cerebro más grande y complejo. No solo habían vivido en un entorno con más colores y más sonidos, sino que además (y esa era la clave) habían jugado con una mayor variedad de juguetes y se habían relacionado más con otras ratas.

## 4. Novedad y diversión en el juego

Como afirman Forés y Ligioiz (2009), el juego aporta diversión, alegría, imaginación, creatividad, conocimientos, implicación... lo que ayuda a generar motivación y el deseo de seguir aprendiendo.

Además, el juego constituye una herramienta evolutiva, al ser una simplificación de la realidad, cosa que nos permite ir comprendiendo nuestro mundo y las reglas que lo rigen de forma segura y asequible. Es, desde el punto de vista neurológico, una herramienta indispensable para el aprendizaje.

Su indispensabilidad está avalada por diversos estudios. Por ejemplo, Stahl y Feigenson (2015) comprobaron que, ya en la infancia temprana, el aprendizaje del niño cambia cuando sus expectativas sobre el objeto de estudio son violadas, de modo que aprenden más sobre ese objeto, lo exploran más y realizan pruebas para demostrar sus hipótesis. El juego les permite demostrar esas hipótesis y aprender en un entorno seguro. Esto entronca con el proceso de *etiquetado conceptual*, un mecanismo neuronal que permitiría consolidar los recuerdos al favorecerse la síntesis proteica que disparan las experiencias novedosas (Ballarini *et al.*, 2009), circunstancia con enormes implicaciones pedagógicas.

¿Por qué estos estudios sugieren que la gamificación educativa es eficaz? Porque la gamificación bien entendida es una estrategia que aporta momentos novedosos en el aula. Como cuando comenzamos nuestras clases con una caja cerrada con diversos candados y un cronómetro que indica a los alumnos que tienen 60 minutos para abrirlo. En esos momentos el desafío se ha lanzado, y la mayoría de los niños lo acepta. O cuando ya llevamos tiempo participando en el proceso de gamificación y aparece en la web alguna carta sorpresa, como la que te permite escoger a todos los miembros de tu grupo para el próximo proyecto o conseguir la máxima nota en el cuestionario sin tener que presentarte.

## 5. Gamificando y motivando

Otro aspecto neuroeducativo primordial es que la motivación crece con la incertidumbre de la recompensa y con aquella no relacionada con la habilidad del alumnado, es decir, con el azar. Ello implica un aumento sustancial de la motivación y el esfuerzo hacia el aprendizaje, tal como sugieren las investigaciones de Paul Howard-Jones. En un estudio ha demostrado que se activa el cuerpo estriado (región del sistema de recompensa cerebral en la que se libera dopamina) en proporción a la magnitud de la recompensa (Howard-Jones *et al.*, 2016). Esta mejora a nivel motivacional está asociada al aprendizaje, porque también se ha comprobado que el grado de activación del cuerpo estriado puede predecir la formación de la memoria declarativa (o explícita), que es la que prevalece en el aula (Howard-Jones, 2011). Además, tiene lugar una mayor activación de regiones clave del sistema de recompensa cerebral en entornos más gamificados que inciden en la motivación y el aprendizaje. Howard-Jones también ha identificado en su investigación más reciente una desactivación de la llamada *red neuronal por defecto*, que es la red que se activa cuando dejamos vagar la mente y no fijamos la atención.

Existen más estudios que relacionan la gamificación con el aumento de la motivación. Por ejemplo, Gooch y sus colaboradores (2016), utilizando la plataforma ClassDojo, han demostrado que la gamificación puede ayudar a estudiantes con dislexia, al mejorar su motivación. Y, para que esto ocurra, el sistema gamificado ha de ser altamente personalizado, de manera que el docente pueda adaptarlo y transformarlo según las necesidades del alumnado.

Por otra parte, en el estudio de Adcock *et al.* (2006) se comprobó que la activación anticipada del circuito mesolímbico promueve la formación de la memoria, es decir, demuestra que el aumento de motivación conlleva una mejora de la memoria.

En un estudio controlado aleatorizado en el que participaron más de 1000 estudiantes se comprobó que los que utilizaron una plataforma gamificada de aprendizaje en línea respondieron más preguntas y utilizaron con mayor frecuencia el sistema que aquellos que utilizaron una plataforma no gamificada. Además, estos estudiantes manifestaron una mayor satisfacción con el uso de las insignias e indicaron una fuerte preferencia por su inclusión en la interfaz estándar (Denny, 2013).

En otro estudio, los estudiantes que completaron la experiencia gamificada obtuvieron mejores puntuaciones en los ejercicios prácticos y en los resultados generales, si bien su desempeño fue peor en los ejercicios escritos y participaron menos en clase (Domínguez *et al.*, 2013).

## 6. Neurotransmisores en la gamificación

Un gran experto de la gamificación como es Andrzej Marczewski ha analizado cuáles son los principales neurotransmisores que guardan relación con la gamificación, y destaca cuatro:

- *Dopamina.* Se la conoce como el neurotransmisor del placer. Se relaciona con la motivación, especialmente ante la expectativa de la recompensa, y es esencial para el aprendizaje. Las actividades novedosas desencadenan la liberación de dopamina creando un estado motivacional óptimo. De esta forma se incrementa el nivel de compromiso y se estimulan los cambios neuronales que promueven el aprendizaje.
- *Oxitocina.* Es un neurotransmisor que nos ayuda a establecer relaciones de confianza y generosidad. Su relación con la gamificación se da, por ejemplo, cuando nos cautiva una buena narrativa que guía la experiencia o cuando promovemos la interacción social a través de los equipos.
- *Serotonina.* Regula el estado anímico y es fundamental para nuestra felicidad. La gamificación puede estimular su secreción si promovemos los trofeos o las insignias, por ejemplo, de modo que podamos recordar y sentirnos útiles en el proceso, o bien si implementamos un sistema de regalos virtuales como agradecimiento a los demás.

- *Endorfinas*. Son sustancias que funcionan como neurotransmisores que nos hacen sentir bien. En las experiencias gamificadas se pueden generar cuando los participantes superan retos que requieran habilidades y esfuerzo para superarlos.

## Bibliografía

Adcock, R. A. *et al.* (2006). «Reward-motivated learning: mesolimbic activation precedes memory formation». *Neuron,* 50: 507-517
Ballarini, F. *et al.* (2009): «Behavioral tagging is a general mechanism of long-term memory formation». *PNAS,* 106: 14599-14604.
Brown, S.; Vaughan, C. (2009). *¡A jugar! La forma más efectiva de desarrollar el cerebro, enriquecer la imaginación y alegrar el alma.* Barcelona: Urano.
Denny, P. (2013): «The effect of virtual achievements on student engagement». *Proceedings of the SIGCHI Conference on Human Factors in Computing Systems:* 763-772.
Domínguez, A. *et al.* (2013): «Gamifying learning experiences: Practical implications and outcomes». *Computers & Education,* 63: 380-392.
Forés, A.; Ligioiz, M. (2009). *Descubrir la neurodidáctica: aprender desde, en y para la vida.* Barcelona: UOC.
Gooch, D.; Vasalou, A.; Benton, L.; Khaled, R. (2016): «Using gamification to motivate students with dyslexia or other special educational needs». En *Proceedings of the 2016 CHI Conference on Human Factors in Computing Systems:* 969-980. Nueva York: ACM.
Howard-Jones, P. A. *et al.* (2011): «Toward a science of learning games». *Mind, Brain and Education,* 5: 33-41.
— (2016): «Gamification of learning deactivates the default mode network». *Frontiers in Psychology,* 6: 1891.
Marczewski, A. (2015) 4 essential Neurotransmitters in Gamification: Gamified UK. Disponible en: https://www.gamified.uk/2015/01/05/neurotransmitters-you-should-know-about-in-gamification/.
Pellegrini, A. D. (2009). *The Role of Play in Human Development.* Nueva York: Oxford University Press.

Pellis, S. M.; Iwaniuk, A. N. (2000). «Adult-adult play in primates: Comparative analyses of its origin, distribution and evolution». *Ethology*, 106:1083–1104.
— (2004). «Evolving a Playful Brain». *International Journal of Comparative Psychology*, 17: 92-118.
Pellis, S.; Pellis, V. (2009). *The playful brain: venturing to the limits of neuroscience*. Oxford: Oneworld Publications.
Stahl, A. E.; Feigenson, L. (2015). «Cognitive development. Observing the unexpected enhances infants' learning and exploration». *Science*, 348(6230): 91-94.
Zak, P. J. (2015). «Why inspiring stories make us react: The Neuroscience of Narrative». *Cerebrum, 2*.

# 10. PROPUESTA EN ACCIÓN 3 – LA DIFERENCIA ENTRE «NO SÉ HACERLO» Y «NO SÉ HACERLO TODAVÍA»: HERENCIA, ENTORNO Y MENTALIDAD DE CRECIMIENTO PARA EL APRENDIZAJE

— Iolanda Nieves de la Vega
— Noemí Royes

## Resumen

Estamos viviendo momentos de transformación en el ámbito educativo, de cambios en los que se están cuestionando y repensando modelos, metodologías y creencias que se han mantenido durante mucho tiempo y que ahora se encuentran en un proceso de redefinición. En la búsqueda de nuevos caminos que transitar, nuevas evidencias, ideas y estrategias para mejorar la educación, estamos convencidas de que una de las claves para lograrlo es entender cómo se desarrolla y funciona el cerebro y cómo aprenden las personas.

En este capítulo, haremos un recorrido por la plasticidad cerebral, la influencia del entorno, la mentalidad fija y la mentalidad de crecimiento y su impacto en el aprendizaje para, al mismo tiempo, reflexionar y preguntarnos sobre su relevancia y sobre su incorporación a nuestra práctica profesional.

**Palabras clave:** mentalidad de crecimiento, mentalidad fija, creencias, inteligencia, plasticidad cerebral, aprendizaje.

# 1. Introducción

¿Cuántas veces hemos escuchado o repetido: «Se me dan mal las matemáticas», «Yo soy de cinco y de ahí no paso» o «Lo mío no es la educación física»? Seguramente, todos hemos tenido experiencias desagradables con alguna materia o contenido, pero «no poder» resolver o entender algo ahora no significa que vaya a ser imposible mejorar o conseguirlo en algún momento. ¿Te viene a la memoria algún recuerdo al respecto?

Probablemente, en la mayoría de las ocasiones, aquello que nos limita es nuestra propia creencia limitante, y precisamente por ello es importante saber que nuestro cerebro tiene una asombrosa plasticidad y, gracias a ella, el ser humano (cualquiera de nosotros) puede superar, con esfuerzo y dedicación, sus propios límites.

Los recientes avances en neurociencia han demostrado que el cerebro es mucho más maleable de lo que habíamos pensado. La investigación sobre la plasticidad cerebral ha revelado que el cerebro tiene la facultad de generar cambios estructurales en las redes que conectan las neuronas y que la conectividad entre las neuronas puede cambiar con la experiencia. Diversas investigaciones muestran que podemos incrementar nuestro crecimiento neural por medio de las acciones que llevamos a cabo: usar buenas estrategias, hacer preguntas, mantener una buena nutrición y hábitos de sueño… Este mecanismo es la neuroplasticidad: la capacidad de cambio de la estructura de nuestro cerebro de forma significativa a lo largo de la vida. La experiencia modifica nuestro cerebro continuamente, fortaleciendo o debilitando las sinapsis que conectan las neuronas.

Como consecuencia de la plasticidad, nuestro cerebro puede reorganizarse de forma estructural y funcional adaptándose continuamente al aprendizaje. Esta propiedad inherente al cerebro posibilita que el aprendizaje se dé durante toda la vida y que siempre podamos esperar la mejora de cualquiera de nosotros.

Con el auge de las neurociencias, la idea de que el cerebro es un órgano moldeable y de que lo que ocurre en los espacios educativos de modo informal influye decisivamente en el autoconcepto, la autoestima, el rendimiento y en la personalidad de las personas cada vez cobra más relevancia y hace que nos replanteemos la manera en la que acompañamos el proceso de aprendizaje. Hablamos de la necesidad de la diferenciación entre neurociencia y neuroeducación y de la necesidad de diálogo entre ambas para establecer marcos de reflexión y acción.

Desde esta perspectiva, facilitar que la ciencia y las evidencias científicas del cerebro que aprende tengan una incidencia positiva y empoderadora en los entornos de aprendizaje es una responsabilidad compartida que requiere de la colaboración de equipos interdisciplinares. La experiencia de aula, la vida más allá del laboratorio, precisa especialistas en educación capaces de entender, transformar y adaptar las evidencias de la ciencia a partir de la comprensión y la contextualización en sus entornos, poniendo siempre a las personas en el centro de su aprendizaje.

## 2. Creencias sobre la inteligencia

Todos los seres humanos tenemos alguna creencia sobre la inteligencia, y esa creencia influye en cómo somos, cómo nos desarrollamos y relacionamos, cómo afrontamos diversas situaciones y qué logros alcanzamos (Blackwell, Trzesniewski y Dweck, 2007; Burnette, O'Boyle, VanEpps, Pollack y Finkel, 2013), por lo que el desarrollo de la mentalidad de una persona puede obstaculizar o facilitar los aprendizajes a lo largo de su vida.

Carol Dweck y su equipo llevan décadas estudiando la forma como la gente piensa sobre la inteligencia, el éxito o el fracaso, y después de muchas investigaciones han llegado a la conclusión de que las personas tienden a situarse en una de estas dos diferentes perspectivas: a) la *mentalidad fija*, que cree que la inteligencia se determina desde el nacimiento y que no cambia, o cambia muy poco, con la práctica, y b) la *mentalidad de crecimiento*, que cree que la inteligencia mejora a través del estudio y la práctica.

David Bueno (2018) reflexiona sobre cómo el estilo de vida y nuestra forma de pensar y actuar pueden modificar nuestra genética en pro de la adaptabilidad. En palabras suyas: «Del mismo modo que no podemos alterar el significado de las palabras de un diccionario, los genes (las palabras) heredados de nuestros padres y los que heredaremos a nuestros hijos contienen instrucciones precisas que nuestro cuerpo no puede dejar de obedecer. Si los genes fuesen palabras, el epigenoma sería la gramática que da sentido a las palabras y que permite ordenarlas en frases con sentido. La gramática, sin embargo, es mucho más versátil y maleable».

## 3. Mentalidad fija y mentalidad de crecimiento

Retomando la pregunta inicial, y conectándola con tu recuerdo, nos gustaría compartir brevemente algunos estudios de Carol Dweck, científica referente en la investigación del *mindset*. Para ello, proponemos un recorrido a través de distintos conceptos: mentalidad e inteligencia, mentalidad y dificultad, percepción del éxito y del fracaso, valoración y elogio.

En el primer estudio, sobre la *influencia del tipo de mentalidad en la percepción de ser inteligente*, se preguntó a diferentes personas, desde niños y niñas de Primaria hasta adultos jóvenes, «¿Cuándo te sientes inteligente?». Las diferencias en sus respuestas fueron sorprendentes. Personas con una mentalidad fija respondieron: «Cuando no cometo errores», «Cuando termino algo rápido y es perfecto», «Cuando algo es fácil para mí y otras personas no pueden hacerlo» (Dweck, 2006: 24). Pero las personas con una mentalidad de crecimiento respondieron que se lo sienten cuando algo era realmente difícil y lo intentaba intensamente y al final podía hacer algo que no podía hacer antes, o «[cuando] trabajo en algo durante mucho tiempo y en algún momento comienzo a entenderlo». Afirma Dweck que «[la mentalidad de crecimiento] no es sobre la perfección inmediata. Se trata de aprender algo con el tiempo: enfrentarse a un reto e ir progresando» (Dweck, 2006: 24).

Un segundo estudio en torno a la *manera de encarar la dificultad* consistió en proponer a niñas y niños de 10 años que resolvieran problemas matemáticos de cierta dificultad. En este caso, se observó que mientras que algunos reaccionaban sorprendentemente bien y decían cosas como: «Me encantan los retos» o «Me esperaba algo positivo», otros lo veían como una tragedia, un desastre, porque habían puesto a prueba su inteligencia y habían fracasado.

En un tercer estudio, relacionado con la *percepción del éxito o fracaso*, se permitió a algunos estudiantes universitarios que habían tenido un resultado bajo mirar los exámenes de otros estudiantes. Unos analizaron las pruebas de las personas que habían obtenido un mejor resultado que ellos para así poder mejorar y revisar sus carencias, mientras que otros optaron por mirar las pruebas de personas que habían tenido un peor resultado. Mirar las respuestas de compañeros y compañeras que habían obtenido peores evaluaciones les permitía sentirse mejor consigo mismos y reparar su autoestima después de un fracaso (Dweck, 2006: 36).

Estos y otros estudios muestran cómo la mentalidad de una persona prepara el escenario para *metas de rendimiento* o para *metas de aprendizaje*. Las personas con metas de rendimiento están preocupadas por verse inteligentes, se orientan al resultado y evitan el trabajo desafiante. En cambio, personas con metas de aprendizaje se orientan a la tarea y al proceso de entender y aprender.

Llegados a este punto, estamos seguras de que todo el mundo puede identificar con nombres y apellidos a personas orientadas al rendimiento o al aprendizaje, que buscan los retos, o al revés, las opciones fáciles en situaciones diversas de aprendizaje y entornos. ¿Puedes identificar cuál es tu orientación?

En relación con el *objetivo del aprendizaje*, recuperamos un estudio de la Universidad de Columbia que parte de un experimento en el laboratorio de ondas cerebrales. Las personas participantes debían responder a preguntas difíciles sobre las que posteriormente les daban *feedback*. El objetivo era ver cuándo sus ondas cerebrales mostraban interés y atención.

Las personas con una *mentalidad fija* solo se interesaron cuando el *feedback* era sobre su habilidad y prestaban mucha atención cuando les decían si sus respuestas habían sido correctas o incorrectas. Pero cuando se les presentó información que podría ayudarlas a aprender, no había ningún signo de interés. Incluso cuando habían obtenido una respuesta equivocada, no estaban interesadas en conocer la respuesta correcta. Únicamente las personas con *mentalidad de crecimiento* pusieron gran atención a la información que podría ampliar su conocimiento. Para ellas, aprender era una prioridad (Dweck, 2006: 18).

De la reflexión de estos estudios se desprende que las personas que se sitúan en la mentalidad fija consideran que la inteligencia también lo es y que la genética les impide desarrollar una mayor inteligencia. Estas personas resisten menos las dificultades, buscan garantizarse el éxito haciendo aquellas tareas que les salen bien y les resultan fáciles, y evitan los fracasos para demostrar que son inteligentes y capaces (Corpus y Lepper, M.; Gunderson, Gripshover, Romero, Dweck, Goldin-Meadow y Levine, 2013; Kamins y Dweck, 1999; Zentall y Morris, 2010). Por el contrario, las personas con mentalidad de crecimiento consideran que la inteligencia es plástica y maleable. Para ellas, el esfuerzo es importante para obtener resultados y son más persistentes ante las dificultades durante el proceso de aprendizaje. De esta manera, la mentalidad de crecimiento abre el camino para transformar el error y el fracaso en una oportunidad de aprendizaje (Dweck, 2006; Haimovitz y Dweck, 2016; Mueller y Dweck, 1998; Zentall y Morris, 2010).

Si trasladamos los resultados de estos estudios a la realidad de los diferentes espacios educativos, lo esencial de la mentalidad de crecimiento es que podemos entender que coexisten dos extremos y un continuum que ofrece toda una escala intermedia en relación con el aprendizaje y la superación de retos. En esta escala hallamos a personas que creen que pueden modificar su inteligencia, que con esfuerzo se puede mejorar, que se puede y se debe aprender de los errores, que el cerebro y nuestras capacidades son maleables y que es bueno afrontar retos. En el otro extremo están los individuos que creen que su inteligencia es fija, que las capacidades y habilidades son innatas y que no se pueden desarrollar.

Te proponemos ahora un ejercicio de reflexión. Recupera una situación de enseñanza-aprendizaje cercana: ¿puedes identificar el continuum entre mentalidad fija y mentalidad de crecimiento?, ¿dónde te sitúas en este momento?, ¿cómo lo gestionas?

La educación y el entorno juegan un papel fundamental, puesto que impactan de forma notoria en los procesos de enseñanza-aprendizaje y en el desarrollo de nuestra mentalidad. Empecemos por trabajar nuestra mentalidad de crecimiento y sigamos por explicar a nuestros estudiantes que sí que se puede, que sí que pueden. Quizá no es ahora, en este momento o de esta forma. Pongamos énfasis en el proceso, hagámoslo visible más allá del resultado o producto final.

Desde el nacimiento y en cada una de las distintas etapas vitales, aprovechemos la oportunidad que nos brinda la plasticidad cerebral. En la infancia, avivemos la experimentación para impulsar el desarrollo y la interpretación del mundo que nos rodea con todos los sentidos. Facilitemos el alcance de grandes desafíos (caminar, mirar, coger, soltar, entender, descifrar...) a la par que la resolución de pequeñas frustraciones. Acompañemos a la distancia necesaria que requiere un vínculo sano.

En la adolescencia, las energías se orientan, además de a aprender, a proteger el ego y desarrollar el autoconcepto y el sentido de identidad y el de pertenencia. Esto podría llevar a los jóvenes hacia a una mentalidad limitante. Favorecer espacios para que se pueda desarrollar la mentalidad de crecimiento conduce a descubrir que tiene sentido seguir intentándolo. La adolescencia es un tiempo de oportunidades, de aprender, de profundizar en intereses propios, de identificar gustos y de empezar a trazar planes de futuro.

Las personas con mentalidad de crecimiento se hacen cargo de su aprendizaje y motivación y, por eso, en lugar de memorizar inconscientemente, asumen que es mejor ampliar las lecturas para comprender mejor y que los errores ayudan en ese objetivo. Se estudia para aprender y no para aprobar un examen.

¿Hemos pensado qué oportunidades les damos a las niñas y niños de resolver las cosas por sí mismos? ¿Hasta qué punto es cierto que confiamos en sus capacidades? ¿Qué oportunidades les brindamos y qué retos les proponemos? ¿Qué límites les imponemos? ¿Son nuestros límites o los suyos?

Elogiar «lo que somos» resulta perjudicial a la hora de enfrentarse a retos y dificultades en el aprendizaje. Los estudiantes a los que se elogia por su inteligencia asumen que los resultados que obtienen reflejan lo que son y, por lo tanto, también perciben los fallos como una muestra de su inteligencia (o de la falta de ella). Por eso, se abstendrán de aquellas tareas que dañen la percepción de sí mismos o tendrán mayores probabilidades de abandonar aquellas que les resulten difíciles.

Cuando alabamos a los estudiantes con afirmaciones como: «Eres muy inteligente», que se centran en «lo que somos», estamos atribuyendo aquello que han conseguido a una característica intrínseca. También cuando les asignamos etiquetas con una carga negativa o limitante («eres un torbellino», «eres un desastre», etc.).

Este tipo de elogios dan lugar a lo que se denomina indefensión aprendida[3], una condición en la cual los individuos consideran que sus fracasos se deben a una falta de capacidad y abandonan la tarea. En contraste, cuando elogiamos su esfuerzo, les estamos dando la

---

3. Seligman, M. E. P.; Maier, S. F. (1985). *Indefensión aprendida*. Madrid: Debate.
La indefensión aprendida es un estado psicológico que se produce cuando los acontecimientos a los que nos vemos expuestos se vuelven incontrolables, o así se perciben. La persona con indefensión aprendida cree que no puede hacer nada para salir de una situación injusta o desagradable. Es la explicación de por qué la gente se rinde, deja de luchar o pierde la esperanza.

oportunidad de aprender a valorar aquello que ellos mismos han hecho. Existen evidencias de que la motivación intrínseca nos ayuda a realizar un esfuerzo sostenido en el tiempo, mientras que los refuerzos externos terminan siendo menos efectivos.

## 4. Conclusiones

La idea de que el cerebro es un órgano moldeable y que lo que ocurre en los espacios educativos de modo informal en los procesos de acompañamiento en situaciones también formales influye decisivamente en el rendimiento y en la personalidad de los estudiantes debería hacer que nos replanteemos la manera como nos relacionamos y acompañamos el desarrollo y el aprendizaje.

Hemos visto cómo las expectativas influyen en determinados aspectos del proceso de aprendizaje y en la autoimagen y de qué manera podemos aprovechar ese conocimiento para mejorar las prácticas educativas. Se trata de un gran reto que exige nada más y nada menos que una gran dosis de flexibilidad cognitiva, a fin de cambiar nuestras creencias, construir una visión compartida con los estudiantes, los docentes y otros agentes educativos, reflexionar sobre hacia dónde queremos llegar y compartir una misión en la que todos estemos comprometidos.

Como hemos podido apreciar, los marcos mentales influyen y cambian la percepción y la forma en que las personas (en el aula de nuestros estudiantes, en los claustros, en los equipos educativos, en los hogares, etc.) perciben e interpretan conceptos tan relevantes para el proceso de aprendizaje como: *a*) inteligencia, *b*) logros de rendimiento o de aprendizaje, *c*) esfuerzo, *d*) éxito/fracaso, *e*) error, y *f*) las creencias que tienen sobre la capacidad y las habilidades propias y, en definitiva, cómo repercuten en nuestro propio bienestar y en el de las personas que nos rodean.

De los estudios reseñados se desprende también que la percepción de la inteligencia y la mentalidad en la que cada persona se sitúa tiene un impacto sobre: *a*) la imagen individual y social que cada persona tiene de sí misma, *b*) la autoestima, *c*) las decisiones relacionadas con el proceso de enseñanza-aprendizaje, *d*) el esfuerzo que se pone o no se pone en aprender y alcanzar metas, *e*) la forma en que reaccionamos ante el éxito y el fracaso, *f*) el tipo de metas que nos proponemos alcanzar, *g*) la actitud con la que nos enfrentamos a las dificultades y los retos, *h*) la actitud frente al error, e *i*) el tipo y la forma de reaccionar ante las expectativas.

Este cambio de perspectiva, que debería partir del autoconocimiento, la reflexión y la autocrítica, ha de llegar a nuestros estudiantes, porque sabemos que genera un efecto positivo en el aprendizaje. Las personas que nos dedicamos a la educación deberíamos abrir la mente y adentrarnos en: *a*) conocer cómo se desarrolla y funciona el cerebro que aprende; *b*) explicar a los estudiantes cómo funciona el cerebro y su impacto en el aprendizaje; *c*) dar relevancia a los procesos, progresos y habilidades más allá de los resultados y las puntuaciones; *d*) detectar y respetar e impulsar talentos e intereses, en lugar de insistir en las carencias; *e*) entender el error como oportunidad de aprendizaje e incorporarlo de manera natural, *f*) elogiar el esfuerzo y la persistencia como base para alcanzar los objetivos; *g*) entender los obstáculos como oportunidades de aprendizaje y sobre todo, y *f*) compartir expectativas y creencias de forma abierta y honesta.

Haciendo nuestra la mentalidad de crecimiento y manifestando expectativas positivas sobre el futuro, te retamos a imaginar un futuro cercano. ¿Imaginamos juntos nuestro impacto?

Desde nuestra concepción de la educación y de los agentes educativos resulta imprescindible y un acto de responsabilidad ineludible conocernos para acompañar y #CompartirParaAprender

# Bibliografía

Blackwell, L. S.; Trzesniewski, K. H.; Dweck, C. S. (2007). «Implicit theories of intelligence predict achievement across an adolescent transition: A longitudinal study and an intervention». *Child development*, 78(1): 246-263.
Bueno, D. (2018). *Epigenoma: para cuidar tu cuerpo y tu vida*. Barcelona: Plataforma.
Burnette, J. L. *et al.* (2013). «Mind-sets matter: A meta-analytic review of implicit theories and self-regulation». *Psychological Bulletin*, 139(3): 655.
Dweck, C. S.; Leggett, E. L. (1988). «A social-cognitive approach to motivation and personality». *Psychological review*, 95(2): 256
— (1999). «Caution-Praise Can Be Dangerous». *American Educator*, 23(1): 4-9.
— (2006). *Mindset: The new psychology of success*. Nueva York: Random House.
— (2012). *Mindset: how you can fulfill your potential*. Londres: Robinson
Forés, A.; Grané, J. (2019). *Los patitos feos y los cisnes negros*. Barcelona. Plataforma.
Fraser, B. J.; Walberg, H. J.; Welch, W. W.; Hattie, J. A. (1987). «Syntheses of educational productivity research». *International Journal of Educational Research*, 11(2): 147-252.
Gunderson, E. A.; Gripshover, S. J.; Romero, C.; Dweck, C. S.; Goldin-Meadow, S.; Levine, S. C. (2013). «Parent praise to 1 to 3 year olds predicts children's motivational frameworks 5 years later». *Child Development*, 84(5): 1526-1541.
Hattie, J. (2017). *"Aprendizaje visible" para profesores*. Madrid: Paraninfo.
Mueller, C. M.; Dweck, C. S. (1998). «Praise for intelligence can undermine children's motivation and performance». *Journal of Personality and Social Psychology*, 75(1): 33.
O'Rourke, E. *et al.* (2014). «Brainpoints: a growth mindset incentive structure boosts persistence in an educational game». En *CHI 2014. One of a CHInd - Conference Proceedings, 32nd Annual ACM Conference on Human Factors in Computing Systems*: 3339-3348. Toronto: ACM.

Ricci, M. C. (2013). *Mindsets in the classroom: Building a culture of success and student achievement in schools.* Waco, TX: Prufrock

Wang, M. C.; Haertel, G. D.; Walberg, H. J. (1993). «Toward a knowledge base for school

Zentall, S. R.; Morris, B. J. (2010). «Good job, you're so smart: The effects of inconsistency of praise type on young children's motivation». *Journal of Experimental Child Psychology*, 107(2): 155-163.

# 11. EXPERIENCIA 1 – LA EDUCACIÓN MUSICAL MEJORA LA FLUIDEZ Y LA COMPRENSIÓN LECTORA: ESTUDIO DE CORRELACIÓN ENTRE RITMO Y LECTURA EN NIÑOS DE 11-12 AÑOS

— Elisabet Carbonell Pujol
— Anna Carballo-Marquez

## Resumen

Estudios neurocientíficos sugieren que el proceso de lectura de notación musical podría compartir redes neuronales y circuitos cerebrales con la lectura de textos lingüísticos en aquellas personas que han recibido educación musical. Varios autores han documentado los cambios neuronales en el entrenamiento de lectura del lenguaje musical y cómo este podría reforzar los procesos de comprensión lectora.

El objetivo del presente estudio es valorar el nivel de capacidad de lectura de textos lingüísticos (frases) y de lectura musical (ritmo) en niños y niñas de 11-12 años que han recibido un mínimo de 3 años de educación musical en una escuela de música (grupo experimental, n = 88), con respecto a niños y niñas de la misma edad que solo han recibido educación musical en la escuela ordinaria (grupo control, n = 76).

Los resultados obtenidos mostraron diferencias estadísticamente significativas entre grupos, pues el grupo experimental obtuvo puntuaciones mayores en ambas pruebas, así como una correlación positiva entre las variables estudiadas, de manera que aquellos sujetos que puntuaron más alto en ritmo lo hacían también en lectura de textos. Los resultados coinciden con estudios que han relacionado el factor de la discriminación rítmica como posible variable predictora de la dificultad lectora. Se discute si la educación musical intensiva y temprana podría convertirse en una herramienta transversal y preventiva de las posibles dificultades con el aprendizaje de lectura.

**Palabras clave:** comprensión lectora, educación musical, lenguaje, ritmo.

# 1. Introducción

La controvertida pregunta de qué fue primero, si la música o el lenguaje oral, nos da a entender cómo de tempranos resultan estos dos elementos en la base de nuestra existencia, ya que van estrechamente ligados a nuestra evolución.

Según apuntan diversas investigaciones neurocientíficas, nuestro cerebro está diseñado de forma innata para el desarrollo del lenguaje tanto musical como verbal (Soria-Urios, Duque y García- Moreno, 2011). Estudios con bebés demuestran que a muy temprana edad ya pueden discriminar distintos tipos de melodías y que son capaces de categorizar patrones rítmicos a través de la métrica (Hannon y Johnson, 2005).

Se han establecido diversos paralelismos entre lenguaje verbal y musical (Hansen y Bernstorf, 2002; Wiggins, 2007). Básicamente, ambos lenguajes utilizan los mismos medios para descodificar su lectura, ambos son lenguajes auditivos, visuales y vocales que convierten las imágenes y las vibraciones acústicas en impulsos nerviosos que serán descodificados por nuestro cerebro con la activación de todas sus áreas implicadas, utilizando ambos también estructuras sintácticas (Gallo, Reyzábal y Santiuste, 2007) que organizan sus elementos dentro de un orden jerárquico que permite su comprensión.

Estos lenguajes comparten también, debido a su base auditiva, el ritmo y la métrica. Algunos estudios han relacionado la dificultad en la discriminación de estas acentuaciones o tiempos fuertes musicales como un indicador de posibles dificultades en la identificación de sílabas tónicas en el lenguaje verbal, lo cual muestra de forma clara la estrecha relación entre ambos procesos cognitivos (Goswami, Huss, Mead, Fosker y Verney, 2012).

Según diversos estudios de neuroimagen, existen también ciertas coincidencias en las rutas y las redes neuronales implicadas en los procesos de ambas lecturas (Peretz y Colheart, 2003). En el caso de la recepción y descodificación musical, la activación tiene lugar en los dos hemisferios de forma bilateral, ya que el proceso de descodificación se organiza en dos sistemas independientes pero a la vez simultáneos, es decir, existe un sistema melódico en el que se analizan los sonidos y las distancias entre ellos (intervalos) y, paralelamente, se activa un sistema temporal para la descodificación de los ritmos y la métrica musical, y ambos quedan integrados en mecanismos de percepción más globales (García-Casares, Berthier, Froudist y González-Santos, 2013).

Ambos procesos lectores compartirán también algunos aprendizajes en común, como el auditivo para la discriminación de sonidos (Bolduc, 2009), la representación simbólica como habilidad para comunicarse y el uso de una descodificación para construir significados (Hall y Robinson, 2012).

De hecho, la literatura recoge multitud de estudios desde hace muchos años que relacionan la educación musical con la mejora en el rendimiento de diversas funciones cognitivas (Jauset, 2017), como, por ejemplo, el rendimiento lector (Barwick *et al.*, 1989), el desarrollo cognitivo global (Bilharz, Bruhn y Olson, 2000), la memoria verbal (Chan, Ho y Cheung, 1998), el desarrollo social (Deasy, 2002), el rendimiento matemático (Graziano, Peterson y Shaw, 1999) o el razonamiento espacio-temporal (Gromko y Poorman, 1998).

## 2. Objetivos

- Valorar el nivel de notación musical y de discriminación rítmica en alumnos y alumnas de 11-12 años con educación musical y sin educación musical.
- Analizar la fluidez y la comprensión lectora en alumnos y alumnas de 11-12 años con educación musical y sin educación musical.

- Comparar las variables evaluadas entre ambos grupos y explorar la posible correlación entre las variables evaluadas con independencia del grupo de sujetos.

## 3. Metodología

### Muestra

El estudio se enmarca dentro de un diseño cuasiexperimental en el que se comparan dos grupos de estudiantes de 6.º curso de Primaria (11-12 años). Un grupo experimental (GE, n = 88) con más de 3 años de educación musical recibida de forma extraescolar (62,5 % chicas y 37,5 % chicos), y un grupo control (GC, n = 76) sin más educación musical que la que se ofrece en la escuela ordinaria (56 % chicas y 54 % chicos). Todos los sujetos fueron seleccionados intencionadamente para que cumplieran los criterios de edad, igualdad de nivel socioeconómico y pertenencia a la misma zona geográfica, y se excluyeron de la muestra aquellos alumnos y alumnas con necesidades educativas especiales.

## 4. Instrumentos

- Test de Ritmo: Evaluación de la fluidez de lectura y de la comprensión rítmica a través de la presentación de 5 melodías de dificultad progresiva de 8 compases cada una, similares a las utilizadas en otros estudios (Patel, Peretz y Tramo, 1998).
- Test de Lectura de Frases: Diseñado para la valoración de la fluidez y la comprensión lectora basado en un subtest de verificación de frases de la batería Woodcock *et al.* (2005), traducido al catalán por el equipo Binding de la Universitat de Barcelona.

## 5. Resultados

Para el presente estudio, y antes del análisis estadístico formal, se examinaron los datos para ver si cumplían las asunciones estadísticas necesarias para el análisis. No se perdió ningún sujeto, y la prueba para la homogeneidad de varianzas de Levene mostró diferencias significativas para las variables Ritmo y Frases, lo que indicaba que las varianzas entre grupos no eran comparables, motivo por el cual se procedió a realizar estadística no paramétrica.

A continuación, se muestran los estadísticos descriptivos para las variables dependientes y para ambos grupos de sujetos (tabla 1).

**Tabla 2.** Estadísticos descriptivos para las variables dependientes Ritmo y Lectura de frases para los grupos experimental y control.

| | | \multicolumn{7}{c|}{Descriptivos} |
|---|---|---|---|---|---|---|---|---|---|
| | | N | Media | Desviación estándar | Error estándar | 95% del intervalo de confianza para la media | | Mínimo | Máximo |
| | | | | | | Límite inferior | Límite superior | | |
| Ritmo | GE | 88 | 13,89 | 2,409 | ,257 | 13,38 | 14,40 | 4 | 15 |
| | GC | 76 | 11,11 | 4,152 | ,476 | 10,16 | 12,05 | 1 | 15 |
| | Total | 164 | 12,60 | 3,601 | ,281 | 12,04 | 13,15 | 1 | 15 |
| Frases | GE | 88 | 64,08 | 14,763 | 1,574 | 60,95 | 67,21 | 34 | 99 |
| | GC | 76 | 51,50 | 12,024 | 1,379 | 48,75 | 54,25 | 27 | 89 |
| | Total | 164 | 58,25 | 14,914 | 1,165 | 55,95 | 60,55 | 27 | 99 |

En el análisis de comparación de medias con la prueba U de Mann-Whitney, en la que se compararon las puntuaciones obtenidas en Ritmo y en Lectura de frases, los resultados mostraron diferencias significativas entre grupos, de manera que el GE obtuvo mejores puntuaciones que el GC tanto en el Test de Ritmo (U = 1942.50; p < .0001) como en el Test de Lectura de Frases (U = 1684.00; p < .0001) (figura 1).

**Figura 4.** Puntuaciones obtenidas por el grupo experimental y el grupo control para la variable Ritmo y para la variable Lectura de frases. Nota ***p < 0.0001

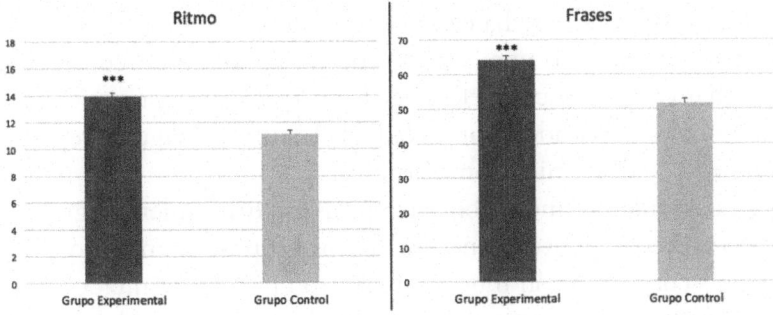

Además, se realizó una correlación con Rho de Spearman para las variables dependientes Ritmo y Lectura de Frases, que reveló una correlación positiva estadísticamente significativa entre ambos factores, de manera que a mayor puntuación en una de las variables, mayor puntuación había en la otra, y a menor puntuación en una de las variables, menor puntuación había en la otra (tabla 2).

**Tabla 3.** Correlación de Spearman entre las variables Ritmo y Frases para toda la muestra del estudio.

| | | Correlaciones | | |
|---|---|---|---|---|
| | | | Ritmo | Frases |
| Rho de Spearman | Ritmo | Coeficiente de correlación | 1,000 | ,426** |
| | | Sig. (bilateral) | . | ,000 |
| | | N | 164 | 164 |
| | Frases | Coeficiente de correlación | ,426** | 1,000 |
| | | Sig. (bilateral) | ,000 | . |
| | | N | 164 | 164 |

** La correlación es significativa en el nivel 0,01 (bilateral).

## 6. Conclusiones

El presente estudio se ha centrado en valorar dos habilidades cognitivas en concreto que, según muestra la literatura, comparten muchas características y elementos constituyentes, así como redes neuronales implicadas: por un lado, la lectura de lenguaje verbal y, por otro, la discriminación de ritmos.

Los resultados indicaron diferencias estadísticamente significativas entre las puntuaciones de ambos grupos, de modo que los sujetos con educación musical mostraron mejores resultados en el test rítmico, así como en el test de lectura de frases. Además, el estudio de correlación estableció una relación positiva entre ambas variables (Ritmo y Frases) con independencia del grupo al cual pertenecían los sujetos: aquellos participantes que obtuvieron mayores puntuaciones en discriminación de ritmo también puntuaron mejor en lectura de textos, y viceversa.

Estos datos están en consonancia con otros muchos estudios que previamente han evidenciado el efecto positivo de la educación o el entrenamiento musical sobre las habilidades lectoras (Douglas y Willatts, 1994; Hansen y Bernstorf, 2002; Jentschke, Koelsch y Friederici, 2005; Overy, 2003), pero por primera vez se pone el énfasis en la discriminación rítmica como uno de los factores que interviene de forma diferenciada en la relación entre ambos lenguajes.

En este sentido, estudios recientes han puesto de relieve el papel fundamental que tiene la discriminación de la melodía de la voz (ritmo o prosodia) como factor predictor del futuro aprendizaje lector (Molinaro *et al.*, 2016), y ciertos autores han observado cómo el trabajo a nivel auditivo con ejercicios de estimulación rítmica aplicados a la lectura produce efectos positivos sobre la fluidez en la habilidad lectora (Bonacina *et al.*, 2015).

Los investigadores argumentan que el ritmo del habla ofrece al cerebro las claves necesarias para focalizar la atención auditiva en los momentos en los que aparece la información relevante para la percepción del habla, y diversos estudios han relacionado el desarrollo fonológico y auditivo con las habilidades lectoras (Goswami *et al.*, 2002; Goswami, Gerson y Astruc, 2010).

La literatura científica ha recogido multitud de factores predictores a edades tempranas que nos pueden ayudar a identificar futuras dificultades lectoras (Thompson *et al.*, 2015), pero estudios recientes están mostrando cómo la producción rítmica (o habilidad para percutir patrones rítmicos) podría ser un indicador más para identificar con mayor precisión y de forma más precoz las futuras dificultades de lectura (Lundetrae y Thompson, 2017).

## Bibliografía

Bilharz, T. D.; Bruhn, R. A.; Olson, J. E. (2000). «The effect of early music training on child cognitive development». *Journal of Applied Developmental Psychology*, 20: 615-636.

Bolduc, J. (2009). «Effects of a music programme on kindergarten-ers' phonological awareness skills». *International Journal of Music Education*, 27(1): 37-47.

Bonacina, S.; Cancer, A.; Lanzai, L.; Lorusso, M. L.; Antonietti, A. (2015). «Improving reading skills in students with dyslexia: The efficay of a sublexical training with rhythmic background». *Front. Psychol*, 6: 1510.

Chan, A. S.; Ho, Y.; Cheung, M. (1998). «Music training improves verbal memory». *Nature*, 396: 128.

Deasy, R. J. (ed.). (2002). *Critical links: Learning in the arts and student achievement and social development*. Washington, D.C.: Arts Education Partnership.

Douglas, S.; Willatts, P. (1994). «The relationship between musical ability and literacy skills». *Journal of Research in Reading*, 17(2): 99-107.

Gallo, E.; Reyzábal, M. I.; Santiuste, V. (2008). «Música y lingüística». *INFAD Revista de Psicología*, 1(4): 315-324.

García-Casares, N.; Berthier, M. L.; Froudist, S.; González-Santos, P. (2013). «Modelo de cognición musical y amusia». *Neurologia*, 28(3): 179-186.

Goswami, U.; Gerson, D.; Astruc, L. (2010). «Amplitude envelope perception, phonology and prosodic sensitivity in children with developmental dislexia». *Read. Writ.*, 23: 995-1019.

Goswami, U.; Huss, M.; Mead, N.; Fosker, T.; Verney, J. P. (2012). «Perception of patterns of musical beat distribution in phonological developmental dyslexia: significant longitudinal relations with word reading and reading comprehension». *Cortex*, 49(5): 1363-1376.

Goswami, U.; Thomson, J.; Richardson, U.; Stainthorp, R.; Hughes, D.; Rosen, S.; Scott, S. K. (2002). «Amplitude envelope onsets and developmental dyslexia: A new hypothesis». *Proceedings of the National Academy of Sciences of the United States of America*, 99(16): 10911-10916.

Graziano, A. B.; Peterson, M.; Shaw, G. L. (1999). «Enhanced learning of proportional math through music training and spatial-temporal training». *Neurological Research*, 21: 139-152.

Gromko, J. E.; Poorman, A. S. (1998). «The effect of music training on preschoolers' spatial-temporal task performance». *Journal of Research in Music Education*, 46: 173-181.

Hall, S.; Robinson, N. (2012). «Music and reading: Finding connections from within». *General Music Today*, 26(1): 11-18.

Hannon, E. E.; Johnson, S.P. (2005). «Infants use meter to categorize rhythms and melodies: implications for musical structure learning». *Cogn Psychol*, 50(4): 354-377.

Hansen, D.; Bernstorf, E. (2002). «Linking music learning to reading instruction». *Music Educators Journal*, 88(5): 17-21.

Jauset-Berrocal, J. A.; Martínez, I.; Añaños, E. (2017) «Music learning and education: contributions from neuroscience / Aprendizaje musical y educación: aportaciones desde la neurociencia», Cultura y Educación, 29(4): 833-847. Disponible en doi: 10.1080/11356405.2017.1370817

Jentschke, S.; Koelsch, S.; Friederici, A. (2005). «Investigating the relationship of music and language in children influences of musical training and language impairment». *Annals of the New York Academy of Science*, 1060: 231-242.

Lundetrae, K.; Thompson, J. (2017). «Rythm production at school entry as a predictor of poor reading and spelling at the end of first grade». *Read writ*, 31: 215-237.

Molinaro, N.; Lizarazu, M.; Lallier, M.; Bourguignon, M.; Carreiras, M. (2016). «Out-of-synchrony speech entrainment in developmental dislexia». *Hum. Brain Mapp.*, 37(8): 2767-2783.

Overy, K. (2003). «Dyslexia and music: From timing deficits to musical intervention». *Annals of the New York Academy of Sciences*, 999, 497-505.

Patel, A. D.; Peretz, I.; Tramo, M.; Labreque, R. (1998). «Processing prosodic and musical patterns: a neuropsychological investigation». *Brain and Language*, 61(1): 123-144.

Peretz, I.; Colheart, M. (2003). «Modularity of music processing». *Nature Neuroscience*, 6(7): 688-691.

Soria-Urios, G.; Duque, P.; García-Moreno, J. M. (2011). «Música y cerebro: fundamentos neurocientíficos y trastornos musicales». *Rev Neurol*, 52: 45-55.

Thompson, P. A.; Hulme, C.; Nash, H. M.; Gooch, D.; Hayiou-Thomas, E.; Snowling, M. J. (2015). «Developmental dyslexia: predicting individual risk». *Journal of Child Psychology and Psychiatry and allied Disciplines*, 56(9): 976-987.

Wiggins, D. G. (2007). «Pre-K music and the emergent reader: Promoting literacy in a music-enhanced environment». *Early Childhood Journal*, 33: 55-64.

Woodcock, R.; Muñoz, A.; Mc Grew, K.; Mather, N. (2005). *Batería III Woodcock-Muñoz*. Itasca IL: Riverside Publishing.

# 12. EXPERIENCIA 2 – PROMOVIENDO LA IGUALDAD Y TRABAJANDO LAS FUNCIONES EJECUTIVAS: LOS «CLUBS DEL PATIO»

— María José Codina Felip

## Resumen

Desde la Coordinación de Igualdad y Convivencia se ha puesto en marcha la iniciativa de los «clubs del patio». A partir de los principios neuroeducativos se han organizado clubs de manga, rock, baile, cine y juegos de mesa, con la finalidad de ayudar a aquellos alumnos que se sienten poco integrados, pues así conocen a compañeros con intereses comunes. De este modo se favorece que formen su grupo de iguales y que con ello reduzcan su nivel de estrés y sus sentimientos de soledad, los cuales dificultan el correcto funcionamiento de sus funciones ejecutivas. Al mismo tiempo, se trabaja la igualdad y el reconocimiento intrínseco de la dignidad de todo ser humano al margen de su capacidad económica, cultura de procedencia u orientación sexual.

El trabajo cooperativo favorece las interacciones sociales y facilita la comunicación y el autoconocimiento. Por otra parte, con estas actividades se consiguen sentimientos placenteros asociados a la liberación de dopamina que los lleva a querer repetir estas actividades y, a mayor repetición, mayor consolidación de nuevas interrelaciones que aumentan la motivación del alumnado. Lo que se ha logrado con esta iniciativa es que aquellas personas que se sentían solas ya no se sientan así, con lo cual acuden más felices al centro educativo, y esto redunda en una mejora progresiva de sus resultados académicos y de su bienestar personal, los cuales son algunos de los fines que la educación como profesión con una función social ha de cumplir.

**Palabras clave**: educación ética, funciones ejecutivas, igualdad, neuroeducación.

# 1. Introducción

Desde inicios de los años ochenta, cuando Muriel Lezak acuñó el término *funciones ejecutivas*, se viene hablando, principalmente desde el terreno de la neuropsicología, sobre cómo se desarrollan dichas funciones a lo largo de la vida de los sujetos y qué papel juega este desarrollo en la explicación del comportamiento humano en las distintas etapas vitales.

Con el desarrollo de la neuroeducación a partir de los inicios del año 2000, se ha hecho evidente la necesidad de comprender desde el terreno educativo cómo actúan las funciones ejecutivas y, sobre todo, cómo pueden entrenarse, pues se entiende que son clave en el razonamiento, el desempeño de tareas y la toma de decisiones.

En un principio se inició la investigación de las funciones ejecutivas desde una perspectiva más centrada en lo descriptivo-neurológico, lo que ha dado lugar a programas informáticos, así como a intervenciones pedagógicas cerradas y directivas para entrenarlas y ejercitarlas. Pero una nueva perspectiva se ha revelado como necesaria a partir de las investigaciones de Adele Diamond, Daniel A. Hackman y Martha Julia Farah.

Diamond defiende que, más que trabajar directamente y de forma cognitiva sobre las funciones ejecutivas, hay que trabajar aquellos elementos que las perjudican o dificultan, como pueden ser la soledad o la mala nutrición (Diamond y Ling, 2016), entendiendo que las dimensiones emocionales y el bienestar del niño son cruciales al respecto.

En la misma línea, Hackman y Farah (2008) explican que el correcto desarrollo de las funciones ejecutivas no solo tiene que ver con los procesos biológicos, sino que las experiencias del sujeto en el marco vivencial e interpretativo de su contexto sociocultural tienen una influencia suficientemente importante como para tenerlas en consideración.

Otras investigaciones han analizado el impacto del nivel socioeconómico en el desarrollo de funciones ejecutivas como la memoria de trabajo y el control inhibitorio, y los resultados que arrojan dichas investigaciones muestran que niños con un nivel socioeconómico bajo logran un desempeño peor en las tareas que requerían de estas funciones ejecutivas respecto al grupo de control, con un nivel socioeconómico medio/medio-alto (Ardila, Rosselli, Matute y Guajardo, 2005; Mezzacappa, 2004; Lozano y Ostrosky, 2011).

El contexto vital es una cuestión de suerte, pero la educación es una cuestión de justicia. No elegimos dónde nacemos, en el seno de una familia con más o menos capacidad económica, con mayor o menor nivel cultural, o en una sociedad con mayores o menores desigualdades sociales. Pero en una sociedad democrática que se tenga como tal, la educación enmarcada en un sistema público es un bien social que ha de garantizarse en el marco del reconocimiento de los derechos fundamentales de todo ser humano.

Dado que las investigaciones citadas inciden en la importancia del contexto y del nivel socioeconómico con respecto al correcto desarrollo de las funciones ejecutivas, hemos de garantizar desde un sistema de educación pública el esfuerzo necesario para intentar reducir las diferencias que la suerte vital ha marcado por el lugar (físico, familiar y cultural) en el que cada cual ha nacido, procurando alcanzar la meta ética de la igualdad de derechos y oportunidades que cualquier constitución en cualquier país democrático dice defender y proteger (Siurana, 2009; Martínez, 2010).

Este es, pues, el marco teórico y ético en el cual se enmarca la práctica educativa que a continuación se detalla. Se trata de entrenar en un correcto desarrollo de las funciones ejecutivas durante la adolescencia a alumnos y alumnas provenientes de distintos estratos socioculturales y que forman parte del IES El Ravatxol, en Valencia.

## 2. Origen de la experiencia, objetivos relacionados con la neuroeducación y agentes implicados

Desde el curso 2016-2017 existe en todos los centros educativos de la Comunidad Valenciana la figura de la coordinadora de Igualdad y Convivencia (nombrada aquí en femenino porque es una figura ocupada mayoritariamente por mujeres). Entre nuestros cometidos está promover la igualdad en el día a día del centro, educar y prevenir en problemas como el *bullying*, la homofobia, el racismo, la aporofobia o la violencia machista, así como promover acciones que mejoren la convivencia en el centro.

Puesto que mi tema de investigación es la neuroeducación y la ética, como coordinadora de igualdad propuse hace un par de cursos al instituto aunar la neuroeducación ética con las funciones que a esta nueva figura se le atribuyen. De ahí que las buenas prácticas llevadas a cabo tengan como base asumir que el cerebro es un órgano social, que se aprende mejor mediante la práctica, que la educación emocional y la conexión emocional con aquello que se aprende es fundamental, que el cerebro aprende mejor cuando el clima es el adecuado para que el sistema de activación reticular ascendente no envíe los *inputs* que deberían llegar al córtex prefrontal al cerebro reptiliano o reactivo, así como la relevancia de la ejercitación de la memorización mediante el desarrollo de patrones de memoria (Codina, 2015). Estos principios neuroeducativos conforman la base desde que la cual se diseñó la práctica de los «clubs del patio».

Entre otros objetivos, se plantea con esta práctica el entrenamiento de, principalmente, las siguientes funciones ejecutivas: establecimiento de metas y planificación, control inhibitorio, flexibilidad cognitiva y memoria de trabajo. Cabe destacar que, a pesar de que los clubs no van dirigidos únicamente a alumnado con dificultades y problemas, estos sí que forman parte de ellos. La problemática propia de algunos de estos alumnos los hace especialmente vulnerables, lo cual nos lleva a la necesidad ética de trabajar con ellos la resiliencia (Forés y Grané, 2019). Esto lo hacemos fundamentalmente ejercitando la flexibilidad cognitiva, pero también mediante la práctica de saber establecerse metas adecuadas y realizar una buena planificación, así trabajando, en este caso, el control inhibitorio, pues los problemas a los que a veces se enfrenta este tipo de alumnado, por ejemplo, cuando empieza a asumir abiertamente que es homosexual, lo puede llevar a actitudes dañinas fruto de una mal entendida defensa frente a ataques homófobos.

Los clubs del patio implican al alumnado de 1.º y 2.º de ESO y al profesorado que, voluntariamente, quiere participar.

## 3. Metodología de los clubs del patio

### Participantes

Los clubs del patio se dirigen al primer ciclo de la ESO, por ser la etapa en la que podemos abordar de manera más temprana y directa los problemas de socialización y el sentimiento de soledad e invisibilidad de aquellos niños y niñas que o bien acaban de entrar al instituto, o bien llevan solo un curso y no han conseguido integrarse por distintos motivos. Los principales motivos de rechazo y exclusión con los que nos hemos encontrado son: aporofobia, homofobia y xenofobia, así como dificultades conductuales y de relación con los demás por parte de algunos alumnos, que han sido advertidas por el Departamento de Orientación.

Esta iniciativa ofrece espacios y material al alumnado con intereses comunes para que ocupen el tiempo del patio, su *tiempo libre* en el centro, de formas alternativas a las hegemónicas, que son el fútbol, hablar en corrillo o mirar el móvil. Esto, en el mejor de los casos, que es cuando nos referimos a jóvenes que tienen un grupo de iguales, pues hay otros que debido a miedos, complejos o problemas de socialización pasan este tiempo a solas. De esta manera se facilita que se conozcan entre ellos y se favorece su integración, ya que a los clubs del patio van tanto alumnos sin ningún problema de socialización como los que sí que los presentan.

## Temáticas

Los clubs que se han organizado, a petición del alumnado son: el club de manga, el club de cine, el club de rock, el club de baile y el club de juegos de mesa.

Durante los patios de los martes y los jueves, de 11:00 a 11:30 h, y a lo largo de todo el curso escolar, el alumnado que voluntariamente se ha inscrito en un club se reúne en el espacio reservado a tal fin con sus compañeros y con el profesor coordinador del espacio. El papel de este profesor o profesora no es de intervención ni directivo, simplemente está en un tercer plano de observación o de guía-acompañante, y solo puede intervenir si la situación lo requiere o a petición del alumnado. En el caso de que quiera participar, lo hace como uno más del club.

Para fomentar el sentido de pertenencia, tan importante en la adolescencia, se les hace un carnet de socios del club, con su fotografía y el nombre del club al que pertenecen. Es un acto simbólico que permite a quienes no tienen un grupo de iguales de referencia al inicio de la actividad sentirse parte de algo.

### Espacios y procedimientos

- El club de manga se reúne en el aula de Educación Plástica y Visual, por la facilidad que supone disponer allí mismo de material para dibujar y de proyector para visualizar películas manga y documentales sobre diseño gráfico y elaboración de cómics.
- El club de cine se reúne en un aula de la planta baja con proyector y buena sonoridad. Allí proyectan películas y luego hacen

charlas y coloquios sobre cuestiones estéticas, argumentales y éticas.
- El club de rock se reúne en el despacho del jefe de estudios, ya que allí se ha instalado el material necesario para grabar *podcasts*, y así van elaborando su programa de radio sobre rock. Desde allí escuchan canciones, analizan las letras, conocen a grupos y cantantes que desconocían y elaboran *podcasts* temáticos. Por ejemplo, planificaron un programa dedicado al papel y la relevancia de las mujeres en el rock.
- El club de baile dispone del gimnasio, donde pueden hacer uso del equipo de música del centro y donde gozan de espacio suficiente y de privacidad para poder ensayar coreografías que ellas y ellos mismos inventan. Además, en el gimnasio pueden hacer uso de los vestuarios para cambiarse de ropa antes y después de la actividad. Se han propuesto realizar una coreografía que se incluirá en la obra de teatro musical que el grupo de teatro del instituto, «Entre Diablas».
- El club de juegos de mesa se reúne en el Departamento de Filosofía, puesto que este departamento ha comprado una gran cantidad de juegos de mesa cooperativos para trabajar en las clases de valores éticos. Son juegos seleccionados para que una partida dure entre 15 y 30 minutos. Las alumnas y alumnos del club deciden en cada sesión a qué van a jugar y se encargan del cuidado del material y del espacio. Se organiza un pequeño torneo que tiene como centro el juego de estrategia «Los hombres lobo de Castronegro», en el cual la calidad de la argumentación es la clave para poder ganar.

### Objetivos

El objetivo principal, por tanto, es ayudar a que alumnado con dificultades para relacionarse y socializarse, así como el alumnado que se siente «distinto» por tener intereses «diferentes», conozca a gente con intereses comunes.

De este modo, se busca trabajar los siguientes objetivos secundarios:

- Reducir el sentimiento de soledad, tejiendo redes de comunicación y entendimiento entre personas que previamente no se conocían, o se conocían poco, facilitando, así, que se reduzca el estrés indicado por el Departamento de Orientación con relación a algunos alumnos.
- Aumentar la motivación por participar en una actividad del centro educativo.
- Favorecer que el alumnado se sienta feliz, al sentirse parte de un grupo con intereses comunes.
- Aprovechar el clima de confianza que se genera para que el profesorado participante pueda conocer mejor la realidad de cada niño y niña y alertar de manera temprana si se detecta algún problema importante.
- Facilitar la educación en una alimentación sana, aprovechando que este clima de confianza tiene lugar justo a la hora del almuerzo.

## Entrenamiento de las funciones ejecutivas

Un elemento esencial de esta práctica es que los alumnos en grupo, en comunidad, son los protagonistas de la acción, quienes se marcan qué hacer, cómo y de qué manera. Para ello, han de llegar a pactos tras un proceso de deliberación que marca el camino a seguir. Este camino, esta ruta, emerge de la autonomía de ellos mismos y del reconocimiento intrínseco de la dignidad de todos los integrantes del grupo. Aunque parezca una obviedad, es importante recalcarlo, pues, como ya se ha indicado, en estos clubs también se incluye (de manera voluntaria, pero previa sugerencia de algún docente de confianza) a aquellas personas que no se sienten aceptadas por el resto; son personas que no están acostumbrados a que su dignidad sea reconocida de igual a igual por parte de sus compañeros. En muchos casos, la autoestima de estos niños es tan baja que cuesta trabajar el autorreconocimiento de su propia dignidad. Puesto que se cuenta con el acompañamiento del profesorado voluntario, queda garantizado que este proceso de toma de decisiones se haga en términos adecuados (bajo criterios de justicia y respeto).

Es justo en este sentido de ejercicio de la autonomía y reconocimiento de la dignidad donde entra en juego el potenciamiento de las funciones ejecutivas.

Respecto al establecimiento de metas y planificación, de manera común a todos los clubs, son ellos mismos quienes se han de marcar los objetivos, el ritmo y las formas de ejecución.

En el caso del club de manga, por ejemplo, se han propuesto elaborar conjuntamente su propio cómic. Para ello han elaborado un plan de trabajo en el que cada cual aporta lo que cree que se le da mejor. En este sentido, el trabajo de la flexibilidad cognitiva ha jugado un papel importante, pues desde la idea inicial hasta el producto final que tienen en mente, el proyecto ha ido variando y han debido ejercitarse en la flexibilidad para sortear obstáculos y marcarse nuevas metas cuando la que tenían establecida se ha mostrado insatisfactoria o inasumible.

Respecto al control inhibitorio, por ejemplo, en el club de baile, han tenido que esforzarse por asumir que las coreografías se montan en conjunto y no siempre se seguirán las indicaciones que una sola persona quiere. Algo similar ocurre con el grupo de rock, puesto que todos quieren incluir sus grupos favoritos y ser locutores en el programa de radio. Han de trabajar, por tanto, el autocontrol para aceptar que se han de ir sumando esfuerzos y ceder posiciones. AL final comprenden que trabajando en equipo se avanza más y más rápido.

En la misma línea se aborda el ejercicio de la memoria de trabajo. Por ejemplo, en el club de rock han de memorizar gran cantidad de datos relativos a canciones, cantantes, biografías y estilos musicales para hacer el programa de radio. De modo similar, los miembros del club de cine memorizan contenidos relativos al contexto histórico de las películas y a su argumento, buscan información sobre estilos cinematográficos que luego necesitan recordar para las tertulias. Además, se han mostrado capaces de mantener esta información, ya que establecen relaciones entre distintas películas y entre sus argumentos y determinados problemas de la actualidad.

En el club de los juegos de mesa, por ejemplo, se entrena de manera central el control inhibitorio, pues estos juegos son de estrategia y cooperación. La impulsividad es contraria a la estrategia, de la misma forma que tener que diseñar esta estrategia junto con tu equipo hace que estos alumnos se ejerciten en las tareas de planificación y en saber fijarse metas que los lleven a ganar. Así trabajan también la valoración coste-beneficio, dado que las estrategias de los juegos a veces los llevan a sacrificar algo por un bien mayor (ganar la partida). El ejercicio de la flexibilidad cognitiva, por tanto, también está garantizado, ya que han de ir adaptando y modificando sus propias estrategias en función de cómo se vaya desarrollando el juego y de cómo sean las estrategias de los equipos contrarios. Aquellos que no saben adaptarse a las circunstancias que van apareciendo en el terreno de juego pierden rápido. Esto los lleva a un *feedback* correctivo por autoaprendizaje que les hace ir modificando su conducta e ir diseñando estrategias de juego cada vez más flexibles y ágiles de acuerdo al desarrollo de este. Trabajan, de este modo, la creatividad, en el sentido en el que se entiende el pensamiento creativo, pues no hay flexibilidad cognitiva sin creatividad.

### Seguimiento y valoración

El profesorado que coordina y acompaña en cada uno de los clubs lleva un seguimiento de la asistencia y comportamiento de cada alumno. Es importante recordar que la asistencia es voluntaria, pues el alumnado está en su tiempo libre, pero es conveniente hacer este seguimiento de la asistencia a fin de poder evaluar el éxito de la propia actividad. Si fuese bajando el número de alumnos de manera progresiva y constante, esto significaría que la propuesta de los clubs del patio no estaría funcionando, así que se entiende este registro como un control de calidad.

Por otra parte, se hace un seguimiento y registro del nivel de satisfacción observado durante las actividades, junto con un registro del clima que se ha generado en los distintos espacios. Con esto se trata de comprobar si realmente el clima entre ellos y ellas va mejorando, y si esto correlaciona directamente con un mejor ambiente en el aula del grupo de referencia y con una mejoría en los resultados académicos de los participantes en los clubs.

Por último, se lleva a cabo una observación más detallada de aquellos niños y niñas que o bien se sentían rechazados, o bien tenían problemas de socialización. En estos casos se observan las interacciones, el inicio de verbalizar bromas, pues el uso del humor (positivo) es un indicador de libertad, así como el comienzo de ciertas relaciones de confianza que antes no existían. Es importante observar en este caso si estas nuevas relaciones de confianza se mantienen fuera de los clubs del patio y se extrapolan al aula de referencia y al resto de los tiempos de patio de la semana. En estos casos, hay que prestar especial atención, además de al lenguaje verbal, al lenguaje no verbal: miradas, gestos, sonrisas.

Estos registros y observaciones se ponen en común trimestralmente por parte del personal docente que participa en estas actividades y se comunica a los tutores, a las tutoras y al Departamento de Orientación.

## 4. Conclusiones

Las funciones ejecutivas son un sistema emergente complejo. La adquisición de estas funciones superiores asociadas a la planificación, toma de decisiones y consecución de objetivos marcados por el sujeto a base de adecuar la conducta para este fin son fundamentales para el aprendizaje y para el desarrollo como personas autónomas de todo ser humano. Se entienden como sistema emergente porque a partir de la adquisición de unas funciones ejecutivas emergen otras superiores y aún más complejas.

Con esta práctica de los clubs del patio se trata, por un lado, de favorecer el normal desarrollo de las funciones ejecutivas, abordando problemas de salud, estrés y soledad de parte de nuestro alumnado. Por otro lado, se ejercitan las funciones ejecutivas en el conjunto global del alumnado que acude voluntariamente a estas actividades, pues la lógica propia del funcionamiento de estas lleva implícita la potenciación de las funciones ejecutivas, como son la capacidad para planificar y ponerse metas, el autocontrol, la flexibilidad cognitiva y la memoria de trabajo. Con ello se busca que ese sistema emergente vaya creciendo y se facilite el desarrollo de las capacidades de cada persona en función de sus potencialidades.

El principal resultado que hemos obtenido es que con esta iniciativa hemos conseguido reducir los conflictos, dado que las personas más vulnerables han encontrado un grupo de iguales en el que se sienten más integradas. Se ha observado una reducción notable del sentimiento de soledad y de los niveles de estrés del alumnado vulnerable, lo cual favorece el buen funcionamiento de sus funciones ejecutivas. Consecuencia de esto ha sido una progresiva mejora académica en estos niños que se encuentran en una mayor situación de vulnerabilidad.

# Bibliografía

Ardila, A.; Rosselli, M.; Matute, E.; Guajardo, G. (2005). «The influence of the parents' educational level on the development of executive functions». *Developmental Neuropsychology*, 28: 539-560.

Codina, M. J. (2015). *Neuroeducación en virtudes cordiales. Cómo reconciliar lo que decimos con lo que hacemos*. Barcelona: Octaedro.

Diamond A.; Ling D. S. (2016): «Conclusions about interventions, programs, and approaches for improving executive functions that appear justified and those that, despite much hype, do not». *Developmental Cognitive Neuroscience*, 18: 34-48.

Forés, A.; Grané, J. (2019). *Los patitos feos y los cisnes negros*. Barcelona. Plataforma.

Hackman, D. A.; Farah, M. J. (2008). «Socioeconomic status and the developing brain». *Trends in Cognitive Sciences*, 13: 65-73.

Lozano, A.; Ostrosky, F. (2011). «Desarrollo de las Funciones Ejecutivas y de la Corteza Prefrontal». *Revista Neuropsicología, Neuropsiquiatría y Neurociencias*, 11(1): 159-172.

Martínez, E. (2010). *Ética profesional de los profesores*. Bilbao: Desclée.

Mezzacappa, E. (2004). «Alerting, orienting, and executive attention: developmental properties and sociodemographic correlates in an epidemiological sample of young, urban children». *Children Development*, 75: 1373-1386.

Siurana, J. C. (2009). *La sociedad ética*. Barcelona: Proteus.

# 13. EXPERIENCIA 3 – UN CAMBIO DE MIRADA: NEUROCIENCIA Y ESCUELA ACTIVA

— Montserrat L. Mozo Fornari

## Resumen

Se presentan algunas de las características principales del proyecto educativo basado en la neurociencia y la pedagogía activa llevado a cabo en el CEIP Rosa dels Vents. Se explican algunos rasgos fundamentales del proyecto y la incorporación de la neurociencia a las bases del proyecto. Posteriormente, se habla de los pilares de la pedagogía no directiva y se concluye con una breve presentación de resultados de esta nueva mirada a la infancia en la escuela.

**Palabras clave:** autodidacta, lateralidad, lectoescritura, neurodidáctica, pedagogía activa.

# 1. Introducción

El CEIP Rosa dels Vents es un centro de aprendizaje de Educación Infantil y Primaria público gestionado por la Conselleria de les Illes Balears que se define desde el curso 2015-2016 como una escuela viva y activa, cuyo objetivo principal es llevar a cabo una propuesta educativa basada en las aportaciones de la investigación en neurociencia, el respeto al ritmo evolutivo de cada niño y sus etapas de desarrollo, así como el aprovechamiento de los canales naturales de aprendizaje.

Los rasgos fundamentales de la educación que se lleva a cabo son los siguientes:

- Las actividades de aprendizaje se dan libremente, de forma voluntaria. El niño escoge en cada momento cuál será su acción. Esta libertad de acción viene enmarcada por todos los condicionantes de una decisión: con todos los derechos y deberes, disfrute y responsabilidad, consecuencias y satisfacción, y ganancia de autonomía. Consideramos que solo con libertad se puede llegar a una verdadera responsabilidad. Y desde aquí el niño se dirige a los ambientes preparados para el aprendizaje por su interés, con respecto a la libertad de los demás, y acoge voluntariamente las propuestas de actividades de otros niños y del equipo pedagógico.
- Los intereses que mueven a las personas, y a nuestro alumnado, cambian según el momento, circunstancias, ritmos biodinámicos, personas que ocupan los espacios, vivencias previas, expectativas futuras, etc. No queremos que se entienda que la actividad de los niños es considerada caótica o caprichosa. Totalmente al contrario, obedece a una serie de condicionantes y son estos los que se tienen en cuenta a la hora de comprender sus acciones y de respetarlas, sin intentar sujetarlos a una programación.

- Es a través de lo que se vive y se experimenta como se aprende. Entendemos que el progreso en las competencias cognitivas, físicas y afectivas se basa en la capacidad propia del sistema humano. Aunque es obvio que estas crecen sobre procesos madurativos subyacentes, según nuestra visión, es su activación en interacción con el medio físico y social circundante como el niño puede desarrollar e ir construyendo una identidad que se sabe capaz, en el sentido amplio de la palabra.

## 2. Fundamentos neuroeducativos

La neurología pone a nuestro alcance términos tales como:

- *Neotenia*: la capacidad del cerebro humano permanece en una fase de desarrollo «pre adulto», lo que hace posible aprender a lo largo toda su vida, en comparación con el resto de los cerebros homínidos, los cuales, después de la fase de crecimiento infantil, ven enormemente disminuida su capacidad de aprendizaje o modelaje (como característica propia de la fase adulta).
- *Plasticidad neural*: se refiere a la capacidad casi infinita e ilimitada para aprender y responder a la modelación neuronal del cerebro.
- *Neuronas espejo*: son las responsables del aprendizaje por imitación o reproducción de esquemas y patrones previamente integrados a través de los canales sensoriales como la propiocepción, la vista y la cinestesia. Facilitan procesos cognitivos muy elaborados y variados, como la empatía, la evocación, la recuperación de funciones motrices post-traumáticas, la perpetuación de roles sociales o el establecimiento de liderazgos en grupo...
- *Epigénesis*: es la capacidad de cada tipo de célula para inhibir o no la activación de la secuencia genética que le es propia como respuesta adaptativa a estímulos ambientales. Describe de qué forma la exposición continua a determinados factores ambien-

tales (estrés, nutricionales, tóxicos…) podría comprometer la expresión genética, incluso más allá de la actual generación.
- *Periodos críticos*: cada fase evolutiva posee características específicas, propias. Conocer cuál es la evolución y sucesión de dichos periodos es básico para ajustar la intervención pedagógica, de modo que se favorezca la exposición a estímulos adecuados. Por otra parte, conocer cómo evolucionan dichos periodos nos pone sobre la pista de qué momentos son más propicios para realizar intervenciones terapéuticas, si fuera necesario. Más allá de ellos, son posibles los aprendizajes y la «recuperación» de capacidades, aunque también más difíciles.
- *Inteligencias múltiples*: este término, propuesto por Gardner (1983), sembró un gran precedente a la hora de, por lo menos, poner en tela de juicio la validez de las pruebas estandarizadas que se basan en el cociente intelectual (IQ en adelante) casi como único indicador de potencial de aprendizaje. Las pruebas basadas en el IQ, además de que alimentan un determinismo que poco tiene que ver con el potencial de gestión cognitiva del niño descrito por la neurobiología o la neuropsicología, no nos sirven como herramienta para apoyar la intervención pedagógica, ya que no contemplan aspectos clave como la motricidad, la implicación emocional, la motivación, la integración sensorial o el establecimiento lateral.

## 3. Objetivos

- Garantizar la coherencia educativa y los principios metodológicos que hemos expuesto y que conforman un nuevo paradigma educativo no directivo.
- Promover un cambio metodológico que atienda a las verdaderas necesidades de los niños y un cambio de mirada hacia la infancia.

- Facilitar el ambiente, el material y el acompañamiento para que cada niño se pueda desarrollar de forma integral siguiendo su propio plan interno.
- Incorporar la observación y seguimiento de patrones de neurodesarrollo como estándares de evaluación e intervención, si procede.

## 4. Metodología

### Juego

El juego es la forma natural que tiene el niño de relacionarse, de conocer el mundo y crecer como ser social, de aprender, de calcular, de tantear con cantidades, proporciones, magnitudes, emociones, sensaciones, peligros y desafíos...

### Emoción

Es la pieza clave para que tenga lugar el aprendizaje significativo. Aquello que va ligado al aspecto emocional nos pertenece y se fija dentro de nuestros cerebros, se evoca y se revive con mayor facilidad. Y cuesta mucho olvidarlo. La fuerte conexión entre la amígdala (donde reside la gestión de las emociones) y el córtex prefrontal (encargado de la toma de decisiones y de otras muchas actividades derivadas de la función ejecutiva) evidencia que el vínculo entre la emoción y las muchas acciones que intervienen en el aprendizaje escolar es indivisible. Pero no solo las emociones «positivas», también las menos deseables conducirán a aprendizajes fuertes y duraderos en nuestra memoria: la ridiculización, el miedo, el castigo, la vergüenza, la obligación...; proponemos una metodología lo más alejada posible de estas. El goce, la alegría, el amor y el respeto se convierten en guías y desencadenantes de un estilo de aprendizaje potente, directo, duradero, útil y no traumático, que lleva al niño a ser autónomo, responsable y feliz en su desarrollo.

### Pensamiento crítico y divergente

Si el pensamiento divergente existe en niños pequeños de manera natural, se trata de respetar este hecho y de intentar no castrarlo, para evitar tener que recuperarlo más adelante. Se ha de poner todo el empeño para que, por más incomoda o difícil de gestionar que resulte la individualidad de cada alumno, el pensamiento divergente y crítico no se esfume de nuestras aulas a medida que los alumnos crecen.

### Confianza

La confianza es necesaria en todos los aspectos, pero muy especialmente en las capacidades de cada individuo. En un ambiente no privativo y bien estructurado, de respeto hacia cada niño y hacia sus intereses, y bajo la estructura del acompañamiento y la no dirección del adulto hacia expectativas externas al alumno, este desarrollará de manera natural y a su ritmo los aprendizajes necesarios para fijar unas bases óptimas de futuros aprendizajes.

Pensamos que fomentar esta confianza no solamente es bueno para alejar el estrés, tan nocivo en la infancia, sino que también favorecerá la formación de adultos versátiles, ciudadanos preparados para nuevos retos sociales, laborales y éticos en previsión de un futuro con numerosas incertidumbres en el horizonte.

### Gestión del espacio

Las actividades de aprendizaje del CEIP Rosa dels Vents se desarrollan en ambientes interiores y exteriores.

Los ambientes garantizan, sobre todo, claridad, orden, seguridad y autonomía.

## Gestión del tiempo

Además de una jornada compactada y de una entrada relajada, nuestro centro ofrece horarios flexibles y actividades voluntarias.

Dado que nuestras premisas pedagógicas dan prioridad a las necesidades internas de los niños, la mayoría de las actividades relacionadas en el horario son voluntarias.

## Grupos de referencia

Los alumnos están distribuidos en dos comunidades: *petits* (pequeños) y *mitjans* (medianos). Nos basamos en una serie de características madurativas (estadios evolutivos) e instrumentales (momento de adquisición del proceso de lectoescritura) para tomar la decisión de «trasvase» al grupo o comunidad sucesiva.

- Acompañamiento respetuoso: el equipo de docentes se sitúa en un nuevo rol, no directivo. Su misión gira entorno a varios ejes: observar y recoger información para tener un mapa completo de cómo evoluciona cada niño y niña, preparar actividades y materiales, facilitar procesos, atender demandas y acompañar los procesos de crecimiento y aprendizaje, enfatizando la parte emocional.
- «Proyecto integral de música»: acoge a alumnos a partir de cero años (*escoleta* 0-3 adyacente al centro) basado en la Music Learning Theory de Gordon (1975)
- Plan lector: gracias a él defendemos y articulamos que el acceso a la lectoescritura se dé a partir de necesidades, ritmos y capacidades individuales y, a menos que se produzca de forma espontánea, la lectura no se trabaje sistemáticamente hasta los 6 años. El plan prevé una estructuración de materiales y propuestas en el ambiente de lectoescritura, la secuencia de talleres de conciencia fonológica, gramática, juegos de palabras y correspondencia.

- «¡Si dejas que pase..., pasa!»: la escuela activa promueve esta máxima, basada en devolver el protagonismo del aprendizaje al alumno y poner en un segundo plano al adulto o acompañante, así como respetar el ritmo individual de cada niño. Pero ¿qué sucede cuando, por mucho que esperemos los aprendizajes no llegan, «no pasan»?

Gracias a la formación en neuropsicología, optometría comportamental, neuromotricidad, acompañamiento emocional o Music Learning Theory, hemos podido incorporar instrumentos específicos de evaluación y detección a fin de tratar posibles o futuros problemas de aprendizaje, ya sea derivándolos a los especialistas pertinentes o proponiendo una actuación concreta en el entorno escolar. La finalidad de todo ello es revertir dificultades e incluso recuperar capacidad de gestión cognitiva del alumno, luchar contra la etiqueta de «necesidades educativas especiales» (un concepto tan difuso como determinante) y proponer soluciones que den garantía más allá del tradicional «refuerzo escolar».

Entendemos que aunar un programa de detección precoz y eficiente (para facilitar que la posible intervención se de en periodos críticos y haya garantía de éxito) con la *no anticipación* de objetivos curriculares es la combinación perfecta entre neurociencia y pedagogía activa: dar espacio y tiempo al niño, confiar y revisar que sus estructuras y capacidades estén al 100 % para que este evolucione, crezca y se desarrolle en la libertad de su total competencia.

## 5. Conclusiones

Los primeros resultados son del todo positivos. Los niños se muestran autónomos, tranquilos, concentrados y muy receptivos a todas las propuestas de material y talleres, además de visiblemente motivados por el aprendizaje, mucho más allá del currículum mínimo oficial.

Como resultados más impactantes, debemos destacar la aparición de los aprendizajes espontáneos en un alto porcentaje del grupo de infantil: un 30 % del alumnado ha alcanzado de manera autónoma y espontánea la lectoescritura, habiendo mostrado previamente un elevado interés por actividades manipulativas y motrices, así como interés por el mundo de los cuentos. Posteriormente a la aparición de la capacidad para leer e iniciarse en la escritura, han pedido de forma reiterada actividades relacionadas con la necesidad de escribir, por lo cual valoramos que su implicación es máxima y sus niveles de atención y disfrute mucho más altos de lo que cabe esperar en alumnos de su edad en un ambiente educativo tradicional.

Es un verdadero lujo asistir, en ocasiones con admiración y sorpresa, a los progresos y las conquistas de los alumnos, que tantas veces llegan más allá de lo que nos esperaríamos, en los cuales se favorecen aprendizajes profundos, significativos y muy placenteros.

En cuanto a la acogida del proyecto en la administración educativa, tenemos que destacar el apoyo del servicio de Inspección Educativa, que ha mostrado públicamente su interés por nuestro centro.

Por otra parte, en dos cursos nuestra escuela ha pasado a ser un referente a nivel autonómico: hemos duplicado la matrícula de alumnos y son muchísimas las familias que solicitan incorporarse a nuestro centro en busca de una escuela pública, renovada y de calidad. Asimismo, muchísimos maestros y estudiantes solicitan venir a hacer observaciones en vivo y recibimos visitas de maestros de otras comunidades autónomas como Cataluña, Valencia o el País Vasco, zonas en las que la innovación pedagógica siempre nos había servido de espejo.

# Bibliografía

Aribau, E.; Ferré, J.; Ferré, MdM. (2010). *Lateralidad infantil: 100 preguntas - 100 respuestas*. Barcelona: Lebón.

Bueno, D. (2016). *Cerebroflexia. El arte de construir el cerebro*. Barcelona: Plataforma.

— (2017). *Neurociència per a educadors*. Barcelona: Octaedro-Rosa Sensat edicions.

Forés, A.; Ligioiz, M. (2009). *Descubrir la neurodidáctica: aprender desde, en y para la vida*. Barcelona: UOC.

Mora, F. (2013). *Neuroeducación: solo se puede aprender aquello que se ama*. Madrid: Alianza.

Zarrias, E. (2017). *Un cambio de mirada. Los inicios de una escuela pública activa*. Madrid: Naniero.

# 14. EXPERIENCIA 4 – ESCORED COMO HERRAMIENTA EN LÍNEA DE COLABORACIÓN DOCENTE

— Desiré García Lázaro
— Raquel Garrido Abia
— Miguel Ángel Marcos Calvo
— Marta Gómez Gómez

## Resumen

Las actuales investigaciones sobre neuroeducación y, más concretamente, el conocimiento sobre cómo enseñar sobre la base de los procesos de funcionamiento del cerebro, permiten disponer de una nueva perspectiva para ser más eficaces en la construcción del conocimiento. Entre muchas otras cosas, se aboga por aprovechar las capacidades y competencias que se adquieren compartiendo conocimiento, en este caso, a través de comunidades de aprendizaje, para generar nuevas ideas y permitir y mejorar su transferencia.

Basándonos en sus principios, surge ESCORED como un espacio colaborativo virtual. La conectividad que nos permite la red, así como su uso en abierto, facilita vincular a profesores en activo con otros que se encuentran en periodo de formación, lo cual enriquece el proceso de enseñanza aprendizaje con la inteligencia colaborativa que surge y que se comparte en estas comunidades virtuales de aprendizaje.

**Palabras clave:** aprendizaje significativo, espacio colaborativo, innovación educativa, neuroeducación, profesor excelente.

## 1. Introducción

Actualmente, existe una gran preocupación por conocer los detalles de los procesos de enseñanza y aprendizaje. Los análisis se centran básicamente en las metodologías utilizadas, los recursos aplicados en las aulas y en el rol de maestro como referencia para los alumnos (profesor de éxito). En este sentido, se sabe que la metodología que siga el profesor influirá determinantemente en el proceso de aprendizaje de sus alumnos (Palazón, Gómez Gallego, Gómez Gallego, Pérez Cárceles y Gómez García, 2011), por lo que tenemos ante nosotros un ámbito de investigación clave en educación. En paralelo, asistimos a un consenso en cuanto a la necesidad de un cambio para encontrar alternativas eficaces al sistema de enseñanza convencional. Sin duda, la llegada de la «sociedad del conocimiento» y la «era digital» la ha modernizado, aunque en el fondo no haya sufrido grandes cambios. La aparente revolución educativa se ha limitado, en muchas ocasiones, a digitalizar los contenidos para utilizarlos de la misma forma o, como mucho, en «diferido».

Por su parte, la neurociencia está empujando para acelerar dichos cambios, fundamentalmente en la manera de hacer las cosas. En concreto, avala o desacredita, de forma objetiva, metodologías, acciones o formas de trabajar, basándose en el análisis del funcionamiento de diversas áreas del cerebro vinculadas al aprendizaje. Para aprender, el cerebro debe estar activo, y para activarlo es preciso plantear retos, activar la emoción, propiciar el descubrimiento y hacer asociaciones e integraciones de ideas, al tiempo que se es creativo con lo que se ha desarrollado (López y Abia, 2018).

En este contexto, siguiendo los principios neurodidácticos y basándonos en la importancia de las comunidades virtuales de aprendizaje, nos hemos planteado resolver tres problemas.

1. En primer lugar, responder a la necesidad de que los docentes en activo, así como los que están en formación,[4] puedan contar con una comunidad virtual propia, es decir, un espacio de conexión entre profesores.
2. En segundo lugar, diseñar un espacio de comunicación destinado a la formación docente (inicial y continua) dentro de un contexto de enseñanza-aprendizaje propio del siglo XXI (Espacio Colaborativo en Red).
3. En tercer lugar, construir una herramienta para organizar la red de profesores en la cual todos los participantes puedan compartir recursos y experiencias. Así, las buenas prácticas dejarán de ser elementos aislados para difundirse fácilmente entre los profesionales. Sin duda, esto representa un elemento clave tanto para la actividad del día a día como para la formación de los futuros profesores.

Para responder a todo ello, se ha creado la herramienta de innovación neuroeducativa ESCORED (Espacio Colaborativo en Red).

## 2. Fundamentos neuroeducativos

El diseño de ESCORED cubre tres ideas que persigue la neurociencia: motivación, atención y memoria. Mantener activo nuestro cerebro requiere plantear retos, que descubra cosas nuevas, que asocie e integre ideas…, en definitiva, que sea creativo. Sin duda, las tres características demandan trabajar en equipo, trabajar sobre temas que emocionen y *trabajar haciendo* (Linarez, 2016). Hoy en día, gracias al conocimiento sobre cómo enseñar a partir de los procesos de funcionamiento del cerebro, disponemos de una nueva pers-

---

4. En nuestro caso, proponemos trabajar con los estudiantes del Máster de Formación del Profesorado en Educación Secundaria, Bachillerato, Formación profesional e Idiomas, Máster de Competencias Docentes Avanzadas, Grado de Educación Infantil y Grado de Educación Primaria de la Universidad Rey Juan Carlos.

pectiva para ser más eficaces en la construcción del conocimiento (aprendizajes significativos), entendida como una inteligencia que emerge de la acción de muchos individuos que interactúan entre sí en el contexto digital. Al enlazar los argumentos de varias personas que hayan vivido la experiencia de forma práctica, los profesores en activo fomentamos el desarrollo de las neuronas espejo en el alumno (Guillén, 2014). Si, además, tenemos en cuenta el componente emocional del cerebro, confiamos en aumentar esa capacidad de aprendizaje o, por lo menos, mejorarla (Lázaro y Malu, 2018).

## 3. Objetivos

- Acercar la realidad profesional a los futuros docentes desde la nueva perspectiva de la neuroeducación y la neurodidáctica.
- Generar comunidad virtual y fomentar un aprendizaje significativo que permita formar profesionales de la educación del siglo XXI.
- Conseguir una base de recursos educativos que se ponga a disposición de la comunidad de forma altruista, de modo que sirva, además, como material y referencia para su uso en el aula.
- Utilizar, los docentes, las nuevas tecnologías al servicio de la enseñanza-aprendizaje.

## 4. Metodología

La plataforma ESCORED surge como una propuesta neurodidáctica con la intención de romper la imagen de uso habitual de una plataforma utilizada de manera unilateral para «colgar» contenidos. Con ESCORED son los participantes los que se comunican con otros participantes de su mismo campo de actividad, y estos son profesionales en activo o estudiantes en formación docente. Cooperar y colaborar entre iguales, sin duda, fomenta el aprendizaje (Roseth, Johnson y Johnson, 2008).

Así, ESCORED es un espacio colaborativo que aspira a crear una comunidad educativa, generando un importante tráfico de experiencias y materiales y consiguiendo para la profesión lo que se denomina *inteligencia colaborativa intrínseca*. La inteligencia está ahí, no la tiene nadie en concreto, es el resultado de la suma de muchas. Además, permite la reciprocidad de conocimiento entre sus integrantes de forma altruista, potenciando la enseñanza-aprendizaje entre iguales.

La construcción de la herramienta ESCORED ha sido posible gracias a la plataforma de formación en línea Neurok (2019), caracterizada por fomentar la curiosidad y la motivación para el aprendizaje. Su lema es «Enseñar menos, aprender más».

En ESCORED se distinguen dos grandes usos: uno de repositorio de recursos compartidos basados en las experiencias de profesionales en activo o trabajos de investigación de los alumnos de grados y máster, que forman una comunidad educativa; y otro de intercambio de ideas, reflexiones y experiencias. De esta manera, todo va mucho más allá del aprendizaje de unos contenidos curriculares, al compartir la realidad, los problemas y las soluciones del día a día del aula.

Para cumplir este objetivo, ESCORED presenta once espacios de trabajo:

1. El profesor como persona: una mirada hacia dentro
2. Conocimiento de cómo se aprende: neurociencia - neurodidáctica
3. Capacidad comunicativa: uso del lenguaje
4. Aprendizaje emocional (docentes y alumnos)
5. Generación de ambientes positivos de aprendizaje y control de aula
6. Trato al alumno y al grupo
7. Conocimiento funcional de la materia y cómo se debe enseñar

8. Capacitación docente en el uso de las TIC
9. Metodologías docentes (activas y no activas)
10. Creatividad y razonamiento
11. Evaluación (para enseñar y no para clasificar)

Cada uno de estos espacios está coordinado por un responsable, que hará el oportuno trabajo de clasificación y ordenación, tanto de materiales como de ideas. De este modo, se guía el encaje entre los conceptos y la práctica. Además, en cada uno de ellos se incluyen las lecturas y vídeos asociados a la temática, así como un espacio para recibir y responder a comentarios, sugerencias, valoraciones, etc. Por otro lado, se proporcionan enlaces a charlas de expertos y se programan videoconferencias. Por último, también es posible compartir recursos educativos y estrategias didácticas.

## 5. Conclusiones

ESCORED permite, en cualquier momento y lugar, colaborar entre iguales, aprender de otros, compartir o sencillamente conocer cosas nuevas. Sin duda, todo ello nos hace conscientes de que tenemos ante nosotros grandes posibilidades para mejorar y salir de nuestra rutina de trabajo individual. Compartir en el mismo espacio y momento elementos como la ilusión, el interés, la investigación, el conocimiento, las reflexiones y las buenas prácticas sobre la enseñanza y aprendizaje de los profesores en activo, así como compartir su experiencia, permite generar la inteligencia colaborativa de la profesión, inexistente de otra manera (Bernal, 2011).

El exceso de información es un tsunami. Ahora bien, tal y como está estructurado ESCORED, en áreas temáticas con la figura de un coordinador al frente, se filtra el exceso de información y el propio participante personaliza el modo de seguimiento en función de sus intereses.

Sin duda, en la formación del profesorado es crucial la transmisión de conocimiento. Si conseguimos seleccionar lo mejor y canalizarlo de manera atractiva, emocionando a los participantes y despertando su necesidad de asociarse para aprender, iremos construyendo una estructura de conexiones que nos permitirán difundir las transformaciones de una forma más rápida y, por supuesto, mucho más eficiente.

## Bibliografía

Bernal, A. (2011). «Neurociencia y aprendizaje para la vida en el mundo actual». En: *XII Congreso Internacional de Teoría de la Educación. Autonomía y responsabilidad. Contextos de aprendizaje y educación en el siglo XXI*. Barcelona: Universitat de Barcelona.
García Lázaro, D.; Kanyinda-Malu, C. (2018). «Vamos a contar mentiras o a disfrazar una verdad». En Raquel Garrido y M. Irene Ros (coord.) *Compartiendo inquietudes educativas: Motivar, crear, aprender: 47-53*. Madrid: OMMPRESS.
García López, B.; Garrido, R. (2018). «Neurodidáctica. Consejos prácticos para el aula». En Raquel Garrido y M. Irene Ros (coord.) *Compartiendo inquietudes educativas: Motivar, crear, aprender: 9-14*. Madrid: OMMPRESS.
García, D.; Garrido, R.; Marcos, M. A.; Gómez, M. (2018). «ESCO-RED: Espacio Colaborativo en Red: Comunicación y transferencia entre docentes». En: L. Lluch ; I. Nieves (coords). *I Congreso Internacional de Neuroeducación: Dialogando y compartiendo miradas para mejorar la educación*. Barcelona: Universitat de Barcelona. Institut de Ciències de l'Educació Disponible en: <http://hdl.handle.net/2445/123305>.
Guillén, J. C. (2014). «Seminario de Neuroeducación». Escuela con cerebro. Disponible en: <https://escuelaconcerebro.wordpress.com/2014/11/25/seminario-de-neuroeducacion>.
Linarez, G. (2016). «Aprendizaje significativo y neurociencia: la conexión del siglo xxi». *PAG* (3), 5.

Neurok (2019). *Neurok*. Disponible en: https://neurok.es.
Palazón, A.; Gómez Gallego, M.; Gómez Gallego, J. C.; Pérez Cárceles, M. C.; Gómez García, J. (2011). «Relación entre la aplicación de metodologías docentes activas y el aprendizaje del estudiante universitario». *Bordón. Revista de Pedagogía*, 63(2): 27-40.
Roseth, C. J.; Johnson, D. W.; Johnson, R. T. (2008). «Promoting early adolescents' achievement and peer relationships: The effects of cooperative, competitive, and individualistic goal structures». *Psychological Bulletin*, 134(2): 223.

# 15. EXPERIENCIA 5 – ACTIVIDAD FÍSICA Y FUNCIONES EJECUTIVAS DURANTE LA INFANCIA DESDE UNA PERSPECTIVA EDUCATIVA

— Marc Guillem Molins
— David Bueno i Torrens

## Resumen

La neurociencia cognitiva y la neuropsicología abren nuevas perspectivas sobre la incidencia de la actividad motriz como medio para el desarrollo de habilidades cognitivas. Las características cuantitativas y cualitativas de una intervención motriz en el ámbito educativo pueden condicionar el desarrollo de las funciones ejecutivas a lo largo de la infancia.

En el presente capítulo se define la relación entre motricidad y cognición, se describen sus efectos retroactivos y se reflexiona acerca de las mejoras para la innovación en la práctica docente.

**Palabras clave:** actividad física, funciones ejecutivas.

# 1. Introducción

Existe un interés por conocer cuál es la incidencia de la actividad física durante el desarrollo que permita determinar el rol de la experiencia motriz con respecto al aprendizaje social, afectivo y cognitivo del niño.

Gracias a las aportaciones de la neurociencia cognitiva y de la neuropsicología podemos comprender cuál es el papel significativo que ejerce la motricidad en el desarrollo de las habilidades cognitivas y, en consecuencia, en el rendimiento académico durante la infancia. Esta relación entre los actos motores y los procesos cognitivos superiores, que es recíproca, incluye los procesos atencionales, emocionales y sociales.

El movimiento competente requiere muchas habilidades, como planificar, controlar y regular los movimientos durante la acción e interactuar con el entorno (comprender, interpretar y predecir acciones de otros). Precisamente, todas estas habilidades cognitivas están relacionadas con la maduración del control ejecutivo. Las funciones ejecutivas nos permiten mantener, manipular y utilizar la información (memoria de trabajo), posibilitan un comportamiento adecuado mediante la autorregulación y el autocontrol (control inhibitorio) y habilitan la adaptación rápida y flexible a un entorno cambiante (flexibilidad cognitiva) (Diamond, 2013).

Cualquier acto motor compromete la participación de estas habilidades cognitivas. Pero, según las características de la actividad física, las exigencias sobre las funciones ejecutivas serán diferentes y, en consecuencia, las posibilidades de incidencia recíproca cambian.

## 2. Relación entre funciones ejecutivas, actividad física y rendimiento académico

Numerosos estudios describen los efectos positivos de la actividad física sobre las funciones ejecutivas durante la infancia atendiendo a los cambios fisiológicos que el ejercicio produce en el cerebro, a las demandas cognitivas necesarias para el cumplimiento de la intencionalidad de la tarea, y a los requerimientos cognitivos propios del control de la acción (Best y Miller, 2010; Vazou *et al.*, 2016). También son significativos los beneficios que produce la actividad física en cuanto al bienestar emocional, social y saludable, los cuales, si no muestran unos niveles óptimos, pueden tener un efecto perjudicial en el rendimiento de las funciones ejecutivas (p. ej. estrés, ansiedad, depresión) (Diamond y Ling, 2016).

En la actualidad, existe un volumen importante de resultados en la literatura científica que especifican las características cuantitativas de la actividad física y sus efectos causales en las funciones ejecutivas. Estas producen cambios fisiológicos significativos: *a*) a nivel neuroquímico, con el aumento de neurotransmisores específicos (como la dopamina y noradrenalina) y la regulación de factores de crecimiento (BDNF); *b*) a través del incremento del flujo sanguíneo cerebral y de una mayor oxigenación; *c*) con activación del córtex prefrontal, y *d*) y de tipo estructural en el hipocampo y cerebelo (Best y Miller, 2010; Gómez-Pinilla y Hillman, 2013).

También hay numerosas investigaciones dirigidas a determinar las características cualitativas que regulan la incidencia de la actividad física para la mejora de las funciones ejecutivas. Aunque todavía no existe un volumen de resultados que nos permita establecer conclusiones definitivas, se han de tener en consideración las evidencias que se observan.

Cuando atendemos a las características cualitativas, nos referimos a los elementos propios de la tarea motriz que pueden afectar al rendimiento cognitivo y, específicamente, al de las funciones ejecutivas. Esto sucede en diferentes circunstancias:

a) Cuando, de resultas de la actividad motriz, se observan beneficios emocionales, sociales y saludables. También la adquisición de estos beneficios, mediante la fidelización a una actividad física regular, exige un nivel relevante de autodisciplina, en el que juegan un papel clave las funciones ejecutivas (Diamond y Ling, 2016).
b) Durante el proceso de aprendizaje o ejecución de una tarea, ya que es necesaria la reflexión, la atención, la resolución de problemas, la adaptación a circunstancias cambiantes, la interpretación de estímulos, la anticipación, las estrategias de adaptación al contexto, etc. (Pesce *et al.*, 2013).
c) Según sea la exigencia en la ejecución de una habilidad motriz: el equilibrio, el ritmo, la organización espacio-temporal y la realización de secuencias motrices (Crova *et al.*, 2014; Pesce *et al.*, 2016; Tomporowski *et al.*, 2015).
d) Con relación al esfuerzo cognitivo exigido para el éxito en la tarea; por ejemplo, si hace falta un nivel elevado de atención, deberán implicarse los mecanismos propios del procesamiento de la información (Singh *et al.*, 2018).
e) Cuando la actividad conlleva regular el propio comportamiento y comprender el propio conocimiento, y ante la necesidad de planificación, representación mental, o expresión creativa, que comprometen a las habilidades metacognitivas.

Estos estudios muestran la riqueza que proporciona una práctica motriz en un contexto real, pero, a la vez, la dificultad de aislar los posibles factores perturbadores.

## 3. Aportaciones al contexto educativo

Sin obviar los efectos de la actividad física *per se*, es trascendental la gestión de los descansos, la intensidad y la frecuencia de la actividad física, que será regulada por el profesor de Educación Física. También lo es la gestión de los elementos que impliquen mayores requerimientos cognitivos en la tarea.

En la actualidad hay propuestas didácticas basadas en el juego intencionado y retos coordinativos donde la gestión de un contexto enriquecido durante la sesión de Educación Física muestra eficacia en el desarrollo de las funciones ejecutivas (Pesce *et al.*, 2016). Asimismo, revela beneficios la participación proactiva del niño (MacNamara *et al.*, 2015).

Los juegos de equipo ponen en marcha y desafían las habilidades cognitivas gracias al hecho de que comportan ejecutar secuencias de movimientos complejos, fijar patrones motores, trabajar mentalmente la información, procesar diferentes estímulos a tiempo real, interactuar con otras personas, anticipar decisiones, predecir respuestas, inhibir distracciones, adaptarse a situaciones cambiantes... (Diamond y Ling, 2016).

Distintos tipos de intervenciones dentro del contexto escolar (en horario lectivo o extraescolar) han analizado los efectos de la relación entre actividad física y funciones ejecutivas. Son ejemplos significativos los basados en la actividad física aeróbica, como FITkids® (Hillman *et al.*, 2014), en actividad física que se realiza en el aula para reforzar los aprendizajes académicos y el comportamiento; TAKE10!® (Kibbe *et al.*, 2011), en diferentes tipos de programa de intervención física y cognitiva; «Boost your Brain» (Egger *et al.*, 2019), en momentos diferenciados del día; «LCoMotion» (Bugge *et al.*, 2014), o en juegos con diferentes requerimientos cognitivos (Pesce *et al.*, 2016).

## 4. Conclusiones

Las aportaciones de disciplinas científicas como la neurociencia cognitiva y la neuropsicología, presuntamente alejadas del contexto educativo, abren nuevas perspectivas en torno a la significatividad del aprendizaje mediante el movimiento en el desarrollo de las funciones ejecutivas. La importancia de estos conocimientos está asociada con el papel del maestro, las características de las tareas, los requisitos cognitivos implícitos en ellas, el contexto, o los recursos metodológicos.

Desde esta perspectiva, es interesante integrar todas las dimensiones de la actividad física en la práctica educativa. Las características de las sesiones de Educación Física determinarán la incidencia en el desarrollo de las funciones ejecutivas durante la infancia.

También adquieren relevancia actividades propias del ámbito escolar, como pueden ser el teatro, la danza, el circo o los deportes de equipo, que, por sus propias características inherentes, exigen tanto las habilidades cognitivas como las motrices.

# Bibliografía

Best, J.; Miller, P. (2010). «A Developmental Perspective on Executive Function». *Child Development*, 81(6): 1641-1660.

Bugge, A.; Tarp, J.; Østergaard, L.; Domazet, S. L.; Andersen, L. B.; Froberg, K. (2014). «LCoMotion - Learning, cognition and motion: A multicomponent cluster randomized school-based intervention aimed at increasing learning and cognition - Rationale, design and methods». *BMC Public Health*, 14(1): 967.

Crova, C.; Struzzolino, I.; Marchetti, R.; Masci, I.; Vannozzi, G.; Forte, R.; Pesce, C. (2014). «Cognitively challenging physical activity benefits executive function in overweight children». *Journal of Sports Sciences*, 32(3): 201-211.

Diamond, A. (2012). Executive Functions. *Annual review of psychology*, 64.

Egger, F.; Benzing, V.; Conzelmann, A.; Schmidt, M. (2019). «Boost your brain, while having a break! The effects of long-term cognitively engaging physical activity breaks on children's executive functions and academic achievement». *PLoS ONE*, 14(3).

Gomez-Pinilla, F.; Hillman, C. H. (2013). «The Influence of Exercise on Cognitive Abilities». *Comprehensive Physiology*, 3: 403-428.

Kibbe, D. L.; Hackett, J.; Hurley, M.; McFarland, A.; Schubert, K. G.; Schultz, A.; Harris, S. E. (2011). «Ten Years of TAKE 10!: Integrating physical activity with academic concepts in elementary school classrooms». *Preventive Medicine*, 52(l): 43-50.

MacNamara, A.; Collins, D.; Giblin, S. (2015). «Just let them play? Deliberate preparation as the most appropriate foundation for lifelong physical activity». *Frontiers* in Psychology, 6.

Pesce, C.; Crova, C.; Marchetti, R.; Struzzolino, I.; Masci, I.; Vannozzi, G.; Forte, R. (2013). «Searching for cognitively optimal challenge point in physical activity for children with typical and atypical motor development». *Mental Health and Physical Activity*, 6(3): 172-180.

Pesce, C.; Masci, I.; Marchetti, R.; Vazou, S.; Sääkslahti, A.; Tomporowski, P. D. (2016). «Deliberate Play and Preparation Jointly Benefit Motor and Cognitive Development: Mediated and Moderated Effects». *Frontiers in Psychology*, 7: 349.

Singh A. S.; Saliasi, E.; van den Berg, V.; *et al* (2019) «Effects of physical activity interventions on cognitive and academic performance in children and adolescents: a novel combination of a systematic review and recommendations from an expert panel» *British Journal of Sports Medicine,* 53:640-647.

Tomporowski, P. D.; McCullick, B.; Pendleton, D. M.; Pesce, C. (2015). «Exercise and children's cognition: The role of exercise characteristics and a place for metacognition». *Journal of Sport and Health Science,* 4(1): 47-55.

Vazou, S.; Pesce, C.; Lakes, K.; Smiley-Oyen, A. (2016). «More than one road leads to Rome: A narrative review and meta-analysis of physical activity intervention effects on cognition in youth». *International Journal of Sport and Exercise Psychology,* 17(2): 153-178.

# 16. EXPERIENCIA 6 – EL TRABAJO DE LA AUTOESTIMA Y LOS VALORES EN EL APRENDIZAJE BASADO EN PROYECTOS EN SECUNDARIA

— Anna Torras Galán
— Silvia Lope Pastor
— Mar Carrió Llach

## Resumen

Dentro el currículo escolar de Secundaria, se encuentran ocho competencias, entre las cuales dos nos hablan sobre la autoestima: la competencia personal y la competencia de autonomía e iniciativa. Este aprendizaje implica el desarrollo de las competencias emocionales, destinadas a uno mismo (como, por ejemplo, el conocimiento de las propias emociones, la regulación personal y la autoestima) y destinadas a otras personas (la empatía, la asertividad, el diálogo, la escucha, la toma de decisiones, el trabajo en grupo y la resolución de problemas).

Una metodología en auge es el aprendizaje basado en proyectos (ABP). Este se basa en la resolución de un problema, reto o pregunta planteado de forma interdisciplinar mediante el trabajo por competencias. Por este motivo, en este trabajo se pretende estudiar cómo se trabaja la autoestima y los valores con los proyectos en Secundaria.

**Palabras clave:** autoestima, emociones, neurodidáctica, valores.

# 1. Introducción

Los profesores y las escuelas han de preparar convenientemente a los futuros ciudadanos para que puedan afrontar, con unos valores adecuados, un mundo cambiante e imprevisible. Es necesaria la introducción de nuevas metodologías didácticas, ya que, en esta sociedad tan variable, los alumnos han de aprender herramientas para resolver problemas cotidianos y gestionar los imprevistos que les surjan. Por esta razón, es importante reforzar y trabajar la autoestima y los valores de los estudiantes mediante estas nuevas metodologías con la finalidad de desarrollar personas autónomas, creativas, afectuosas y con una autoestima sólida que les permita estar mejor preparados para los problemas que se les vayan presentando en sus vidas.

# 2. Fundamentos neuroeducativos

Los programas de educación emocional y social han de tener como objetivo principal el desarrollo de una serie de competencias emocionales. La mayoría de estos programas que se imparten en los centros educativos (tradicionalmente se hace en las tutorías, pero en este estudio se centra cómo se imparten dentro un ABP) se centran en la adquisición de cinco grandes destrezas pertenecientes a las áreas intrapersonal e interpersonal (Bisquerra, 2010; Pérez González y Pena, 2011):

- Autoconciencia: permite reconocer nuestras propias emociones y sentimientos.
- Regulación emocional: se ha de saber gestionar las emociones, no erradicarlas.
- Empatía: debemos aprender a ponernos en la piel de los demás.
- Habilidades sociales: permiten aprender a relacionarse con los demás.

- Habilidades para la vida: sirven para afrontar los retos que plantea la vida cotidiana.

Por eso, los centros educativos, cada vez más, tienden a incorporar las emociones en las nuevas metodologías que surgen.

## 3. Objetivos

- Conocer la percepción de los docentes que trabajan con la metodología ABP sobre cómo se incluye en esta el trabajo en valores y autoestima.
- Analizar la evolución de algunos centros educativos en cuanto a la implementación de proyectos en los que se trabaja valores y la autoestima.

## 4. Metodología

Por un lado, este estudio pretende conocer la realidad sobre el trabajo en valores y autoestima que se realiza dentro del ABP, a partir de la percepción de los docentes. En primer lugar, para ello se realizó una entrevista semiestructurada a 13 docentes catalanes del ámbito científico, tecnológico o matemático que trabajan con esta metodología y que imparten clases de Secundaria, ya sea en centros públicos (77 %) o concertados o privados (23 %). Estas entrevistas se analizaron con el programa Atlas.ti. De toda la entrevista para el estudio, se han analizado las respuestas o citas a las preguntas referentes a los valores y la autoestima. También se realizó un cuestionario a los profesores con ítems más específicos sobre la temática.

Por otro lado, también se analizaron los ABP realizados en tres centros catalanes de Secundaria durante dos cursos lectivos consecutivos, 2015-2016 y 2016-2017. Estos institutos nos permitieron el acceso a sus programas de ABP. Según la temática principal que se trabajaba, se clasificaron los proyectos realizados de cada centro en cuatro grandes bloques: artístico social, lingüístico, STEM y educación emocional. En este último bloque se pretendía trabajar la autoestima y los valores con el alumnado. Cabe destacar que los proyectos pueden tener características de más de un bloque, pero se han clasificado teniendo en cuenta la propia clasificación que ha realizado el centro. Además, en todos ellos se trabajan de forma indirecta los valores y autoestima.

## 5. Conclusiones

El 46 % de los docentes afirman que realizan proyectos como metodología de aprendizaje. Los centros que trabajan los valores y la autoestima en el ABP utilizan diferentes herramientas para lograrlo, como las tutorías (38,46 %), las libretas y diarios personales (23,07 %) o los momentos de reflexión (46,05 %).

La autorregulación juega un papel muy importante, ya que se potencia el aprendizaje entre iguales, se propician roles entre el alumnado, se facilitan momentos y herramientas para favorecer la reflexión y se aprende a gestionar el error y, por lo tanto, a tolerar la frustración, hechos que tienen un efecto muy relevante sobre el autoconcepto y la autoestima del alumnado.

Por otra parte, de los cuestionarios enviados a la muestra de docentes catalanes que trabajan con ABP (n = 28) solo se contestaron 12, todos ellos del sector público. Mediante la escala de Likert (0 = nada relevante, 1= poco relevante, 2 = bastante relevante, 3 = imprescindible) respondieron a unas preguntas sobre la autoestima y los valores en los proyectos. El factor que se considera más imprescindible es el relativo a las competencias (91 %), seguido del trabajo en grupo (83,3 %), el motivador (75 %) y la autonomía del alumnado (66,7 %). La autoestima y el trabajo en valores no se consideran tan esenciales en un proyecto, pero sí más que la transversalidad (50 %) o los contenidos curriculares (41,7 %).

# Bibliografía

Bisquerra, R. (2012). *Orientación, tutoría y educación emocional.* Madrid: Síntesis.
— (coord.). (2010). *La educación emocional en la práctica.* Barcelona: Horsori-ICE.
Damasio, A. (2006). *El error de Descartes.* Barcelona: Crítica.
Domènech-Casal, J. (2013). «Seminarios didácticos y círculos curriculares». *Cuadernos de Pedagogía*, 431: 35-37.
Duckworth, A.; Seligman, M. (2005): «Self-discipline outdoes IQ in predicting academic performance of adolescents». *Psychological Science*, 16.
Erk S.; Kiefer M.; Grothe J.; Wunderlich A. P.; Spitzer M.; Walter H. (2003). «Emotional context modulates subsequent memory effect». *Neuroimage*, 18(2): 439-47.
Goleman, D. (2012). *El cerebro y la inteligencia emocional: nuevos descubrimientos.* Barcelona: Ediciones B.
González Pumariega, S.; García Rodríguez, M. S.; García García, S. I.; Núñez, J. C.; González-Pienda, J. A. (1995). «Estrategias de aprendizaje en alumnos de 10 a 14 años y su relación con los procesos de atribución causal, el autoconcepto y las metas de estudio de los alumnos». *Revista Galega de Psicopedagoxía,* (7)10-11: 219-242
González-Pineda, J. A.; Núñez, J. C.; Valle, A. (1992). «Influencia de los procesos de comparación interna/externa sobre la formación del autoconcepto y su relación con el rendimiento académico». *Revista de Psicología General y Aplicada*, 45: 73-82.
Güell, M.; Muñoz, J. (coord.). (2010). *Educación emocional. Programa para la educación secundaria postobligatoria.* Madrid: Wolters Kluwer.
Pérez-González, J.; Pena, M. (2011): «Construyendo la ciencia de la educación emocional». *Padres y Maestros*, 342.
Porto A. M.; Barca A.; Valle, A.; González Pumariega, S.; González Cabanach, R.; Núñez, J. C.; Santorum R.; González-Pienda, J. A. (1995). «Motivación, cognición y rendimiento académico». *Revista galega de psicopedagoxia* (8), 12: 183-210

# 17. EXPERIENCIA 7 – «ESQUITXANT NEUROCIENCIA»: UNA EXPERIENCIA DESDE LA NEUROEDUCACIÓN CON FAMILIAS EN SITUACIÓN DE VULNERABILIDAD EN EL CASC ANTIC DE BARCELONA

— Àngels Gaya Quiñonero
— Estel Salomó Jornet

## Resumen

Este trabajo muestra una experiencia de trabajo con familias desde la neuroeducación realizado desde el proyecto Suport Familiar ('apoyo familiar') que lleva a cabo la Asociación Esquitx del Casc Antic de Barcelona.

Nos interesa descubrir cómo la neuroeducación, a través de los conceptos de la neuroplasticidad del cerebro, nos ayuda a entender y actuar para cambiar estructuras. Esto lo llevamos a cabo con las familias en situación de vulnerabilidad. Ponemos como punto central los referentes familiares y educativos de los niños y niñas y les mostramos cómo funciona el cerebro y el sistema nervioso y cómo pueden regularse y ayudar a hacerlo a sus hijos.

**Palabras clave:** familias, neuroeducación, prevención, regulación emocional, taller.

# 1. Introducción

La Asociación Esquitx es una entidad sin ánimo de lucro que desde hace más de 35 años trabaja con la infancia y sus familias en el Casc Antic de Barcelona a partir de diferentes proyectos, todos ellos enmarcados en la prevención del riesgo de exclusión social.

Realizamos una tarea de prevención, asistencia, promoción y educación a través de la acción socioeducativa en el tiempo libre diario, buscando el desarrollo integral de los niños y niñas y sus familias dentro del entorno en que nos encontramos. Para realizar este trabajo, consideramos que es fundamental el trabajo en red, ya que su función es la de sostener a las personas como individuos o como unidad familiar que entran en ella. Desde el inicio participamos en la promoción de aquellas redes que contribuyen generar y movilizar recursos que favorezcan la promoción de la salud y el bienestar de las personas.

Nos coordinamos con los agentes del territorio que intervienen de manera directa o indirecta con las personas que atendemos (escuelas, institutos, servicios sociales, CSMIJ, CSMA…). El planteamiento del proyecto Suport Famìliar tiene en cuenta las dinámicas familiares y las vivencias individuales de cada progenitor como punto de partida. Las relaciones familiares suponen una parte muy importante de la dimensión relacional y comunitaria de las personas en su vida diaria, y mantener unos vínculos familiares que aporten seguridad es un factor de inclusión social.

Con todo, vemos que en general no hay proyectos de apoyo a las familias como grupo, y dada la coyuntura actual, en la cual vemos cómo se agudizan las dinámicas de exclusión social y las problemáticas personales, todavía se hace más necesario ofrecer actuaciones socioeducativas en clave familiar que ayuden a evitar que las situaciones de vulnerabilidad se transformen en situaciones de riesgo.

## 2. Fundamentos neuroeducativos

Desde hace unos años hemos ido ofreciendo a las familias del barrio, y ellas las han ido acogiendo con interés, espacios a partir de los cuales pudieran revisar y relacionar los diferentes temas con situaciones de su vida cotidiana, así como reflexionar sobre las actuaciones y las consecuencias que se derivan y construir su propio modelo familiar.

Con los años, y pasando por diferentes enfoques, hemos llegado a descubrir que las dificultades en la crianza no tienen tanto que ver con la evolución de los niños como con la importancia del vínculo, la regulación emocional y la conexión cuerpo- cerebro.

Es a partir de este marco como desde el curso 2016-2017 se ofreció a las familias el taller «Esquitxant neurociencia» (Cómo la neurociencia nos ayuda a entender nuestros hijos)». Es un juego de palabras con el nombre de la entidad, Esquitx, que se traduce como *salpicadura*.

Nos inspiramos en lo que propone M. Salvador (2016): «Desde una perspectiva neurobiológica, ofrecer una visión general para entender cómo nos construimos, cómo esto determina nuestro funcionamiento en los sistemas de regulación y modulación de las emociones, y las implicaciones que tiene esto en la capacidad de afrontar la vida en nuestro momento actual».

Así es como entramos en la neurociencia, y nos gusta, porque encontramos que en nuestro ámbito de trabajo, el enfoque estaba muy centrado en el modelo vulnerabilidad/riesgo, que nos acababa llevando a hablar de patología o a entender y situar la mirada desde las carencias.

Este paradigma es el del cerebro emocional, donde el enfoque desde la conectividad y la neuromodulación nos proporciona un modelo que busca desarrollar las fortalezas, lo cual encaja en nuestra visión y en el trabajo que queremos hacer, pues partimos de la prevención y nos centramos en las capacidades y los recursos, que serán los que posibilitarán el cambio.

Las circunstancias de las familias a las que acompañamos son estresantes, y aún más, estamos hablando de un estrés sostenido que las lleva a reaccionar desde sistemas de acción de seguridad, en los cuales hay un incremento de la actividad psicofisiológica y una respuesta conforme a este. Por lo tanto, nos planteamos que poder entender y validar sus reacciones puede resultar tranquilizador: es el efecto de la psicoeducación.

## 3. Objetivos

- Una parte del trabajo la orientamos a descubrir los factores de protección, entendidos como base de una adaptación positiva en condiciones de adversidad. Sabemos que uno de los factores clave en la salud de las personas es la regulación emocional, porque genera resiliencia cerebral y psicológica; y a la inversa, «la capacidad de resiliencia reduce el impacto del estrés y aumenta la salud emocional; de esta manera, podemos considerarla eficaz para la promoción de la salud mental y emocional» Grotberg (2003).
- Así pues, desde esta línea, empezamos por aportar a los padres y madres algunas nociones de neurociencia para mejorar aspectos de la competencia parental; por ejemplo, las diferentes estructuras cerebrales, dónde están y qué funciones ejercen, la importancia de la activación de cada una de ellas y cómo unas influyen en las otras.

  Lo más difícil fue poderlo hablar desde un lenguaje asequible y comprensible. Por lo tanto, había un reto a la hora de exportar la neurociencia en nuestro ámbito, ya que mayoritariamente está entendida desde el contexto escolar, los docentes y los aprendizajes formales.
- Desde la neurociencia como punto de partida, nos planteamos fortalecer el proceso resiliente de los padres y las madres, to-

mando aquellos elementos que intervienen y tienen que ver con el procesamiento del trauma; por lo tanto, seguimos en un lenguaje y una conceptualización desde lo psicológico, a veces muy distante del lenguaje cotidiano.

## 4. Metodología

Nuestra metodología de trabajo es tanto individual como grupal. Tenemos en cuenta que el ser humano se afilia para sobrevivir, por lo cual es importante que las redes se conviertan en espacios de pertenencia e identidad.

El aprendizaje y el compartir en grupo pueden facilitar que los miembros de este generen dinámicas que favorezcan la conexión, y estar conectados es un factor de protección, en nuestro caso, ante una situación de riesgo de exclusión social.

Enfocamos la metodología desde lo que consideramos 5 claves, que nos han de permitir ver cómo se interrelacionan y cómo se traspasan a lo cotidiano de cada familia:

- La primera clave fue dar a conocer a través de la psicoeducación algunas *estructuras cerebrales relacionadas con las emociones y el comportamiento*. Que pudieran darse cuenta de cómo las emociones positivas facilitan la memoria y los aprendizajes. Aportamos conceptos relacionados con la memoria, como la memoria explícita (narrativa) y la implícita (que queda almacenada en el cuerpo como sensaciones corporales).

  > [...] las divisiones del cerebro, con el tronco del encéfalo, a veces referido como cerebro reptiliano, que regula las funciones corporales básicas como el ritmo cardíaco y la respiración. El sistema límbico, que es donde están los instintos y reflejos de supervivencia. Incluye el hipotálamo, responsable de la regulación de la temperatura corporal, la nutrición e hidratación necesaria, así

como el descanso y el equilibrio. Este sistema también regula el sistema nervioso autónomo con las respuestas viscerales al estrés y la relajación, incluyendo las reacciones de estrés traumático de fuga, lucha y parálisis. Pero de este sistema lo que nos interesa son las regiones del hipocampo y la amígdala, ya que son dos estructuras integrales para el procesamiento de la información transmitida por el cuerpo y que se dirige al córtex cerebral. (Rothschild, 2015)

- La segunda clave fue la *ventana de tolerancia de Odgen*, un concepto muy gráfico y usado por diferentes modelos. Nos explica cómo ante situaciones de estrés todos tenemos una franja más o menos amplia en la que podemos tolerarlo sin desestabilizarnos.

    La ventana de tolerancia se refiere a una zona de activación óptima dentro de la que se pueden experimentar y procesar de manera efectiva las emociones. Los estados hiperactivados o hipoactivados superan la ventana de tolerancia y no conducen al procesamiento eficaz y resolución de los estados emocionales. (Odgen, 2016)

    Nos referimos a activación emocional intensa, como quedarse sin trabajo o sin casa, estar en riesgo de que ocurra esto y de manera sostenida, que se rompa una relación, que alguien se ponga enfermo…; son circunstancias difíciles y el objetivo sería poder trabajar para regular nuestras emociones, con la ampliación de esta ventana, de modo que podamos estar más en contacto con emociones desreguladoras, sin sobrepasar el límite de lo que podemos tolerar.
- La tercera clave que presentamos es el concepto de *neuroplasticidad*: hablamos sobre cómo las experiencias influyen en las conexiones entre las neuronas, lo que constituye el nuevo paradigma para la educación.

    El cerebro es un órgano complejo, pero queríamos presentarlo también simple, aportando la idea de que las neuronas crean redes y se conectan. El conectoma visto como un surco que se graba por repetición, lo que significa que si incorporamos a nuestras vidas rutinas para nosotros y para nuestros hijos, para poder estar regulados, por una parte, mantendremos nuestra biología en la ventana de tolerancia y, por otra, también habrá una modulación de nuestro cerebro.

- Otra clave es la *teoría polivagal de Porges* (2001), que supone un conocimiento neurobiológico fundamental para nosotros, ya que nos ayuda a entender el proceso de la regulación emocional y más en el marco del trabajo que llevamos a cabo con adultos que a menudo tienen una historia de trauma.

Esta teoría explica que gran parte de la conducta social y las emociones tienen importantes condicionantes fisiológicos que guardan relación con la regulación del sistema nervioso autónomo, a través del nervio vago.

En un contexto de seguridad se activa el sistema de acción de involucración social; así, de esta teoría lo que nos interesa es dar a conocer la rama ventral del nervio vago o cómo nos regulamos a través del contacto social, cómo buscamos la seguridad que nos ofrece la figura de apego (que, traspasado a lo que queríamos transmitir, son los padres y madres).

> Saber que somos vistos y escuchados por las personas importantes de nuestra vida puede hacernos sentir tranquilos y seguros. Porque estar en sintonía con otra persona puede sacarnos de un estado de desorganización y miedo. (Vander Kolk, 2015)

También será muy importante darse cuenta de si padres, madres o adultos que cuidan tienen muy desreguladas sus emociones y, en caso afirmativo, tratar de regularlas. Para un niño o una niña, notar al adulto regulado hace que entre en sintonía con su propia capacidad de regularse de manera sana (y aquí se entiende la función del nervio vago).

La teoría polivagal enfatiza los aspectos fisiológicos de la interacción recíproca y documenta que los caminos neuronales del apoyo y la conducta social son compartidos por los caminos neuronales que sustentan la salud, el crecimiento y la curación. (Salvador, 2016)

- El último concepto clave que introducimos es el efecto del *mindfulness*, una práctica para calmarse y relacionase con uno mismo de manera más saludable, ya que permite explorar el mundo interior, a partir de saberse, el individuo, seguro en el entorno donde lo está practicando y en el momento presente.

 Es importante minimizar el impacto del estrés y conocer la relación de esta práctica con la plasticidad del cerebro, así como aportar evidencia científica sobre experiencias en las cuales el *mindfulness* favorece la creación de nuevos circuitos neuronales y, además, poderlo incorporar a su vida cotidiana.

## 5. Conclusiones

Antes de analizar los resultados, queremos comentar la dificultad de evaluar con instrumentos estandarizados una intervención que tiene por objetivo reforzar las capacidades personales de las participantes y mejorar la percepción de competencia a partir del conocimiento de aspectos básicos de la neurociencia y, muy importante, en un contexto de prevención de situación de riesgo.

Por un lado, para conocer el impacto de esta actividad las asistentes respondieron un cuestionario preintervención, que nos permitía aproximarnos a sus características generales, y este mismo cuestionario se administró al final para conocer los cambios que habían experimentado. Por otro lado, al final de cada sesión se hacía una evaluación del proceso. En este caso, la hacíamos las terapeutas.

Esta experiencia de conocimiento y metarreflexión fue muy satisfactoria y bien valorada tanto por las participantes como por las personas dinamizadoras de las sesiones. Para las familias, fue muy interesante el hecho de conocer algunas estructuras cerebrales, identificar situaciones de estrés en la vida cotidiana familiar, comprender cómo se habían generado y la importancia de poder gestionarlo.

También fueron capaces de llevar la práctica del *mindfulness* al ámbito doméstico, así como implementar rutinas familiares que favorecieron la regulación. Paradójicamente, nos hemos basado en algunos estudios para atrevernos a dar por aceptado que los colectivos que se encuentran en situación de vulnerabilidad son más sensibles a este tipo de intervención y se da una mejora tanto a nivel de las competencias parentales como de disminución del estrés.

Las participantes valoraron globalmente muy positivamente los temas trabajados.

Tanto el espacio como la duración de las sesiones fueron valorados con la puntuación más alta por el 100 % de las madres. También valoraron muy positivamente los diversos aspectos organizativos, entre los que destacaba el clima creado en el grupo, el trabajo en pequeños grupos y el papel de las dinamizadoras.

Todas recomendarían el taller a otras personas. También declaraban haber cumplido plenamente sus expectativas iniciales y que les habían gustado tanto los conocimientos adquiridos, que de entrada desconocían, como hablar de sus propias experiencias con las demás participantes. En la encuesta de satisfacción en una escala de 0-10, en el 100 % la respuesta fue «muy satisfecho».

# Bibliografía

Bowlby, J. (1998). *El apego*. Barcelona: Paidós.
Cyrulnik, B.; Anaut, M. (2016). *¿Por qué la resiliencia? Lo que nos permite reanudar la vida*. Barcelona: Gedisa.
Earley, J. (2016). *La terapia del self*. Barcelona: Eleftheria.
Fosha, D.; Siegel, D.; Solomon, M. (2016). *El poder curativo de las emociones. Neurociencia afectiva, desarrollo y práctica clínica*. Barcelona: Eleftheria.
Odgen, P.; Minton, K.; Pain, C. (2009). *El trauma y el cuerpo. Un modelo sensoriomotriz de psicoterapia*. Bilbao: Desclée de Brouwer
Porges, S. (2016). *La teoría polivagal: fundamentos neurofisiológicos de las emociones, el apego, la comunicación y la autorregulación*. Madrid: Pléyades.
Rothschild, B. (2015). *El cuerpo recuerda*. Barcelona: Eleftheria.
Salvador, M. C. (2009). «El trauma psicológico: un proceso neurofisiológico con consecuencias psicológicas». *Revista de Psicoterapia*, 80(20): 5-16.
— (2016). *Más allá del Yo. Encontrar nuestra esencia en la curación del trauma*. Barcelona: Eleftheria.
Siegel, D. J. (2007). *La mente en desarrollo*. Bilbao: Desclée.

# 18. EXPERIENCIA 8 – EL ROL DEL PROFESOR DENTRO DE LA PERSPECTIVA DE LA NEUROEDUCACIÓN

— Jolié Mc Guire Aros

## Resumen

El presente artículo es una investigación bibliográfica o documental a partir de artículos que profundizan en el nuevo rol del profesor desde la neuroeducación, con perspectivas que apoyan el impacto que genera en el aprendizaje de los estudiantes con el conocimiento del funcionamiento del cerebro. Un rol que se conjuga en un ambiente dinámico por los roles que aplica dentro del aula, con el fin de descubrir las habilidades de los estudiantes y del propio docente.

**Palabras clave:** aprendizaje, rol del profesor, neuroeducación, neurociencias, neuroeducador.

# 1. Introducción

El presente texto reconoce la labor del profesor desde su relación con el estudiante y el resultado de su enseñanza. Ello, a pesar de que hoy se enfrenta a un nuevo contexto: la neuroeducación. Un espacio que lo transforma en aprendiz, en una relación horizontal más que jerárquica frente a los estudiantes, ya que ambos cada día aprenden más acerca del funcionamiento de su cerebro. Un descubrimiento mutuo. En consecuencia, ¿cuál es el rol del profesor con el conocimiento de la neuroeducación?

# 2. Fundamentos neuroeducativos

Esta investigación presenta el rol del profesor desde la neuroeducación como el conjunto de patrones y conductas que se esperan de él, para conocer su desempeño y así evitar la incertidumbre, presentado dentro de un contexto en el cual las acciones del rol se difuminan. Con este trabajo se pretende aclarar el nuevo rol (Surdez, Magaña y Sandoval, 2017).

Cuando el escenario cambia y las personas no se ajustan al nuevo rol, falta información y herramientas para hacerlo. Ante este nuevo escenario, el profesor corre el peligro de mantener creencias que obstaculizan la efectividad de su enseñanza. Nos referimos a los neuromitos, por ejemplo, creencias que aún manifiestan acerca de su enseñanza, independientemente de la cantidad y accesibilidad de la información que los refuta (Howard-Jones. 2011; Zambo y Zambo, 2011; Surdez, E, Magaña, D.; Sandoval, M; 2017).

El rol del profesor se relaciona con los estudiantes; sin ellos, su rol desaparece. Esa relación es un espacio que los prepara física y emocionalmente, dependiendo de la etapa madurativa en que se encuentren y los agentes internos a la persona. Una responsabilidad que debe promover ambientes que produzcan diálogos entre el mundo interior y el exterior, dando la autonomía y libertad de desplazamiento a los estudiantes (Ruiz y Teban, 2018, citado en Sánchez, 2018).

El rol principal se aplica en ambientes que propician la «transformación» del estudiante para que utilice al máximo su potencial (Jensen, 2005, citado en Logantt, 2010). Que se adapte a entornos cambiantes, con recepción sensorial, procesos internos en el sistema nervioso central, interconectados como cualquier ser vivo (López, 2011; Mora, 2013).

Tiene que poseer conocimientos de anatomía, fisiología, psicología, neurología, comunicación verbal y las emociones (Mora, 2017, citado en Sánchez, 2018). Conocer el cerebro en cuanto a cómo aprende, cómo funciona, cómo retiene la información y cómo la recuerda, para pueda mejorar su práctica pedagógica.

Así, también su conducta repercute en los comportamientos de los estudiantes: puede ser un «gatillador» en un sentido negativo o bien positivo en la reacción dentro del aula (Poulou, 2014). Su conducta ha de ser dinámica en lo emocional, en aprender, en tomar decisiones éticas y en cómo llegar a la meta (Mora, 2013; Muñoz, 2016)

En esa inmensa diversidad de estudiantes, el profesor puede reconocer diferentes talentos, formas de aprender, dificultades, descompensaciones, déficits y trastornos por daños o déficits neuronales. Así, comprende cómo funciona el cerebro en el aula y distingue peculiaridades (Fernández, 2017; Caballero, M. 2017; Fernández, A., 2017).

Siempre habrá creencias de las personas a partir de su concepción de ver al mundo. Zambo (2011) categorizó tres tipos de profesores en cuanto a estas creencias: los creyentes, que reconocen los beneficios educativos; los creyentes con reservas, que solo aplicarían una parte, y los no creyentes, que son negativos a información de segunda mano.

Por otro lado, diversos autores indican que el rol de los profesores está dividido en seis dimensiones: conocimiento profesional, servicios, ética, autonomía, desarrollo y organización (Hung y Li,

2017; Vandeyar, 2017). Otros autores (Cabrera, 2017) lo definen como mediador entre su individualidad neurobiológica que potencia o debilita su relación con ella y la sociedad (Cabrera, 2017).

Así, el profesor tiene rol de ejecutivo periférico y modificador del cerebro, ya que lo estimula a modelar, analizar, resolver tareas y evaluarse. Y esto hace que cambie la estructura, la composición química y la actividad eléctrica de los cerebros de sus estudiantes. Por lo tanto, estos hallazgos revalorizan el rol del profesor, que se revela crucial para la neuroeducación (Paniagua, 2013; Leflot, Van Lier, Onghena y Colpin, 2010).

## 3. Objetivo

Desvelar el rol del profesor ante la neuroeducación, su impacto en el aprendizaje de estudiantes y las consecuencias del desconocimiento, a partir de la mirada de algunos autores actuales.

## 4. Metodología

El presente artículo utiliza la metodología de investigación bibliográfica o documental cualitativa, que contribuye a la estructuración de ideas originales, contextualizándolo desde la perspectiva teórica, metodológica. Se trata de un examen bibliográfico básico del rol del profesor, en que los requisitos de selección pasaron por rescatar categorías que mencionan las creencias, el rol del profesor y la neuroeducación en artículos desde el año 2010 hasta el 2019. Es un diseño exploratorio, ya que hay pocas investigaciones que mencionan cuál es el rol del profesor o neuroeducador.

El proceso de análisis documental es de transformación de un documento primario sometido a operaciones de análisis, convirtiéndose en documento secundario de más fácil acceso y difusión. Es un análisis documental de contenido y forma (Rivera, 2016).

Se lleva a cabo un trabajo sistemático, objetivo, producto de la lectura, análisis y síntesis de la información producida por otros, que da origen a nueva información, con el sello del nuevo autor (Morales, 2019). La recogida de datos sistematizó escritos de investigadores relacionados con las neurociencias y la educación, desde bases de datos como: ERIC, DIalnet, EBSCOhost, Referencia Latina, Fuente Académica Premier y eBook Academic Collection (EBSCOhost), en idioma inglés y español.

## 5. Conclusiones

En los registros que se pudieron obtener se disponen categorías del rol del profesor donde se mantiene la responsabilidad del rol del profesor, pero ahora también con la necesidad del conocimiento de cómo funciona el cerebro y todas las áreas que implica el aprendizaje y su aplicación en el aula, para mejorar su enseñanza. Las creencias que tienen derivan en distintas consecuencias en el aprendizaje de los diferentes estudiantes. Las características o cualidades de este nuevo rol se van modificando según las necesidades fisiológicas y de enseñanza que requiere el estudiante, de modo que hay un «ejecutor periférico» y un «modificador de estructura cerebral», debido a lo que realmente pasa en el cerebro de ambos en una relación dinámica en el aprender de ambos, una participación activa en el aprendizaje de un ser social.

# Bibliografía

Aristizabal, A. (2015). *Avances de la neuroeducación y aportes en el proceso de enseñanza aprendizaje en la labor docente*. Recuperado de: http://hdl.handle.net/10654/6186.

Caballero, M. (2017). *Neuroeducación de profesores y para profesores*. Madrid: Pirámide.

Cabrera, V. *et al.* (2017). *Funciones ejecutivas centrales. Fundamentos para el desarrollo en la primera infancia*. San José, Costa Rica: INIE.

Fernández, A. (2017). «Neurodidáctica e inclusión educativa». *Publicaciones Didácticas*, 80(1): 262-266.

Guillén, V.; Vargas, V *et al.* (2017). *Funciones Ejecutivas Centrales : Fundamentos para su desarrollo en la Primera Infancia*. San José: Universidad Costa Rica.

Howard-Jones, P. A. (2011). *Investigación neuroeducativa: Neurociencia, educación y cerebro: de los contextos a la práctica*. Madrid: La Muralla

Hung, C.; Li, F. (2017). «Teacher perceptions of professional role and innovative teaching at elementary schools in Taiwan». *Educational Research and Reviews*, 12(21): 1036-1045.

Leflot, G.; Van Lier, P.; Onghena, P.; Colpin, H. (2010). «The Role of Teacher Behavior Management in the Development of Disruptive Behaviors: An Intervention Study with the Good Behavior Game». *J Abnorm Child Psychol.* 38(6): 869-882.

Mora, F. (2017). *Neuroeducación: solo se puede aprender aquello que se ama* (2ª ed.). Madrid: Alianza.

Morales, Ó. (2019). *Fundamentos de la investigación documental y la monografía*. [Material del curso]. Grupo de Estudios Odontológicos, Discursivos y Educativos. Facultad de Odontología, Universidad de Los Andes (Venezuela).

Muñoz, C.; Conejeros, M. L.; Contreras, C.; Valenzuela, J. (2016). «La relación educador-educando: Algunas perspectivas actuales». *Estudios Pedagógicos*, 42: 75-89.

Paniagua, M. (2013). «Neurodidáctica: una nueva forma de hacer educación». *Fides Et Ratio,* 6(6): 72-77.

Parada, D.; Rivera, E. (2016). «Organización del proceso de enseñanza basado en Neuroeducación y su impacto en el logro de objetivos de aprendizaje». CENERED. Disponible en: http://www.cenered.cl/mis_articulos/1.2016.PAPER_DAISY_REVISADO.pdf

Poulou, M. (2014). «The effects on students' emotional and behavioural difficulties of teacher-student interactions, students' social skills and classroom context». *British Educational Research Journal*, 40(6): 986-1004.

Quirós, A. (2017). *Aprender cómo aprendemos para aprender cómo enseñar: Dos propuestas de innovación educativa basadas en la neuroeducación*. [Tesis de Máster]. Universitat de Barcelona

Rivera, C. (2016) «Análisis documental de contenido y forma». Infotecarios. Disponible en: http://www.infotecarios.com/analisis-documental-de-contenido-y-forma/#.XOQxMVMzZ0t.

Rodríguez Pino, M. F. (2016). *Percepción de profesores/as acerca de las neurociencias y su integración a la educación superior chilena* [Tesis doctoral]. Universidad de Concepción, Chile.

Sánchez, J. (2018). «La importancia de la formación docente en Neuroeducación» [Trabajo fin de grado]. Universidad de Sevilla. Disponible en: https://idus.us.es/xmlui/handle/11441/82906

Surdez, E.; Magaña, D, Sandoval, M. (2017). «Evidencias de ambigüedad de rol en profesores universitarios». *Revista Electrónica de Investigación Educativa*, 19(1): 73-83.

Vandeyar, S. (2017). «The Teacher as an Agent of Meaningful Educational Change». *Educational Sciences: Theory & Practice*, 17(2): 373-393.

Zambo, D.; Zambo, R. (2011). «Teachers' Beliefs about Neuroscience and Education». *Teaching Educational Psychology*, 7(2): 25-41.

# 19. EXPERIENCIA 9 – DEPORTE Y FUNCIÓN SINÁPTICA NEURONAL: «MOVERSE Y PENSAR», INFLUENCIA DEL EJERCICIO FÍSICO EN LA ATENCIÓN, LA MEMORIA Y EL CÁLCULO EN ALUMNOS ESCOLARES DE 6 Y 7 AÑOS

— Gabriel Díaz Cobos
— Àngels García Cazorla
— Anna López Sala
— Joan Aureli Cadefau

## Resumen

Educar a través de la neurociencia es una revolución que en pleno siglo XXI tiene que darse en las escuelas. Ciencia, salud, psicología, educación y ejercicio físico son concebidas como áreas de conocimiento separadas, pero las recientes investigaciones sobre procesos neuropsicológicos, funciones cerebrales, educación y ejercicio físico nos permiten pensar en la necesidad de relacionarlas para descubrir más sobre el aprendizaje. Concretamente, sabemos que el ejercicio físico aeróbico estimula la síntesis de factores neurotróficos y neurotransmisores, así como la activación de programas que modifican la expresión de numerosos genes (epigenética), y cambia la comunicación neuronal actuando en el espacio de intercambio de información (sinapsis), lo que repercute en la conectividad y acaba produciendo mejoras significativas en atención, memoria, cálculo y aprendizaje en general (Chaddock, 2010; Hillman *et al.*, 2014).

El presente estudio está compuesto por dos fases: la primera tiene como objetivo demostrar que existe una correlación positiva entre la frecuencia con la que los alumnos de la muestra practican ejercicio físico, evaluado mediante una encuesta que permite clasificar a los participantes dependiendo de la frecuencia (baja, moderada, alta) con la que cada uno realiza ejercicio físico, y las capacidades en atención, memoria y cálculo, evaluadas mediante diversas pruebas neuropsicológicas y biológicos. Para ello, se ha evaluado a un grupo de 51 alumnos en edad prepuberal (6 y 7 años). Los resultados obtenidos muestran que existe una correlación entre la frecuencia de práctica de ejercicio físico y la capacidad de cálculo mental y la capacidad atencional (tiempo de reacción).

En función de los resultados obtenidos, se inicia la segunda fase: crear un programa de intervención mediante la práctica diaria de actividades motrices que conjugan el ejercicio físico (capacidades físicas) con los contenidos curriculares (capacidades cognitivas), a fin de determinar que el ejercicio físico puede influir positivamente en el rendimiento académico de los alumnos de la muestra.

**Palabras clave:** deporte, aprendizaje, funciones ejecutivas, neuroeducación.

# 1. Introducción

El sistema nervioso, que se activa significativamente cuando nos movemos, controla todas las funciones de nuestro organismo. Es responsable de funciones complejas y de pensamiento superior, como el lenguaje, el aprendizaje, la memoria, la atención y el cálculo, permitiendo captar y asimilar la información, tanto interna como del exterior, así como elaborar las respuestas correspondientes para interactuar con el entorno. Movernos forma parte de nuestra biología; en cambio, el sedentarismo actual nos aleja de lo que en realidad somos. Evolutivamente, hemos sido diseñados para movernos y expresarnos moviéndonos.

Nuestro entorno ha cambiado y, así como anteriormente necesitábamos movernos para conseguir comida, ropa u otras necesidades diarias, ahora estas acciones las desarrollamos siendo sedentarios. No obstante, nuestro organismo continúa igual de codificado que el de nuestros antepasados, para los cuales la actividad física era una estrategia evolutiva ineludible para adaptarse a las exigencias del entorno. Siguiendo esta línea, las investigaciones citadas anteriormente (y otras que se irán describiendo a lo largo del trabajo) apoyan la idea de que la actividad física estimula el rendimiento intelectual mediante una serie de mecanismos biológicos aún no del todo bien conocidos. Esta mejoría parece darse especialmente en niños y atañe básicamente al ejercicio aeróbico.

Se plantea el siguiente problema: ¿es sensato sostener que a mayor capacidad y actividad física (en frecuencia de práctica) mayor será la capacidad cognitiva de, concretamente, las funciones ejecutivas (atención y memoria) y de la capacidad de cálculo?

## 2. Objetivos

### Objetivo general

Estudiar la relación entre la práctica de ejercicio físico y determinadas capacidades y funciones cerebrales (atención, memoria y cálculo) en alumnos de 6 y 7 años, para poder determinar la necesidad de establecer programas de intervención neuroeducativa.

### Objetivos específicos

- Determinar el nivel de ejercicio físico que realizan los alumnos de la muestra mediante un cuestionario que mide la frecuencia con que lo practican.
- Establecer la relación que existe entre las capacidades (atención, memoria y cálculo) de los alumnos de la muestra y la frecuencia de la práctica de ejercicio físico.
- Proponer un programa de intervención basado en la práctica diaria de actividad física como una herramienta educativa comprometida con las funciones neuropsicológicas del niño.

## 3. Análisis de datos

### Instrumentos de recogida de datos

- *Batería de test neuropsicológicos*: KBIT (Inteligencia verbal y no verbal); VP (velocidad de procesamiento cognitivo) y BS (búsqueda de símbolos); CPT (*Continuous Performance Test*); TOMAL (test de memoria y aprendizaje); Dígitos (test de WISC-

IV. Memoria de trabajo); TALEC (test análisis de lectoescritura); Cálculo Mental.
- *Muestras biológicas (BDNF)*: Salivette y Falcon: En saliva para medir el BDNF, medición a través de técnica ELISA (Mandel *et al.* 2011); extracción de DNA (kit oragene DNAOG-500) para el estudio del análisis de polimorfimos de genes dopaminérgicos/catecolaminérgicos y de BDNF, así como genes regulados por este (panel Agilent [SureDesign] y secuenciación SANGER).
- *Cuestionario de ejercicio físico*: Youth Activity Profile: instrumento autoadministrado diseñado para registrar la actividad física y el comportamiento sedentario, para ser usado en niños entre 4 y 12 años. De Saint. M.; Frederico, P. (2013).

## Proceso de análisis de datos

Todos estos instrumentos fueron pasados por un equipo externo al de la investigación, validado por el equipo del Hospital Sant Joan de Déu de Barcelona y con una formación avanzada en neuropsicología. Todas las pruebas se pasaron por primera vez en enero de 2017 y se volvieron a pasar en enero de 2018. La muestra cursaba 1.º de Educación Primaria y, después, 2.º (6 y 7 años).

## 4. Metodología

Fase 1 (enero 2017 - enero 2018): diseño no experimental, cuantitativo y correlacional. Todos los datos que se obtienen son de carácter ordinal. El total de las muestras forman parte de un mismo grupo no diferenciado y, para cada una de ellas, se evalúan (mediante pruebas neuropsicológicas) cada una de las cuatro variables independientes del estudio. Las variables son medidas en una situación y contexto idénticos para todos los participantes, evaluando las capacidades de atención, memoria y cálculo, así como la frecuencia (en horas a la semana) con la que los evaluados practican ejercicio físico.

Al tratarse de capacidades (atención, memoria, cálculo y ejercicio físico) no dependientes, el estudio tiene como objetivo compararlas para detectar posibles correlaciones de interés que permitan evidenciar si existe o no influencia entre ellas, sobre todo en lo que respecta a las tres capacidades cognitivas con la capacidad y frecuencia del ejercicio físico, tal como sugiere la hipótesis.

## 5. Conclusiones

Finalizada la fase 1, la investigación ha permitido obtener datos interesantes y sugerentes: existe una relación estadísticamente significativa entre la frecuencia en la práctica de ejercicio físico y los resultados obtenidos mediante las baterías de pruebas neuropsicológicas; concretamente, en cuanto a las capacidades de cálculo mental.

### Ejercicio físico y cálculo mental

A partir de la distribución por grupos de frecuencia de ejercicio físico, se realizó un análisis de comparación de medias de las puntuaciones obtenidas en el estudio de con la capacidad del cálculo. De esta manera se puede conocer con mayor precisión la diferencia que la práctica de ejercicio físico supone para una mayor o menor puntuación en el cálculo mental.

La tendencia ascendente que se observa en el gráfico siguiente permite deducir que el ejercicio físico tiene un impacto positivo en la capacidad matemática (cálculo mental), lo que se corrobora con la existencia de diferencias estadísticamente significativas entre los grupos de ejercicio medio y alto.

**Figura 5.** Nivel de frecuencia (baja, media, alta) de ejercicio físico y resultados del cálculo mental (* $p > 0,05$; ** $p > 0,01$).

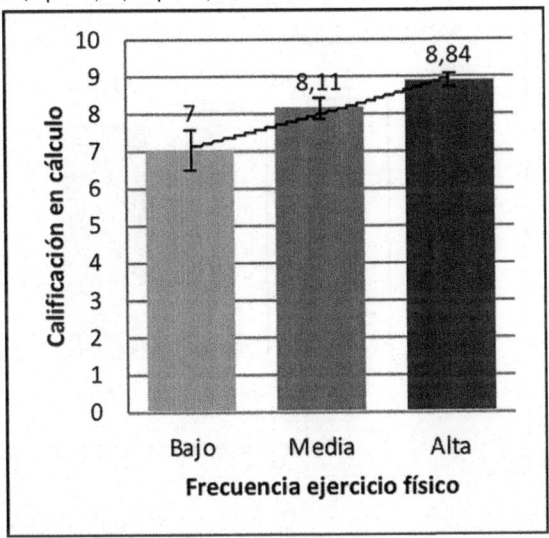

## Ejercicio físico y atención

Los resultados obtenidos mostraron que también existían diferencias estadísticamente significativas en el subapartado de la capacidad de atención «tiempo de reacción» de la prueba del CPT, lo que demuestra que es más positivo cuanto mayor es la práctica de ejercicio físico. El grupo que menos ejercicio realiza obtiene una media de 55,33 como valor promedio del subapartado que determina la capacidad de atención y reacción; quienes practican ejercicio moderado muestran un promedio de 53,23 y, finalmente, los que más horas adicionales dedican al ejercicio físico demuestran mayor velocidad de reacción de respuesta, y obtienen un 50,58.

Los valores que muestra el gráfico siguiente destacan una vez más la posible influencia que el ejercicio físico puede tener para las capacidades cognitivas.

**Figura 6.** Frecuencia de ejercicio físico y prueba CPT (tiempo reacción).

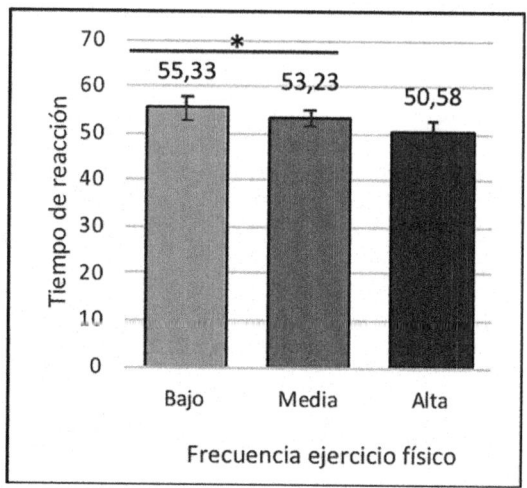

Dado que el ejercicio físico puede aportar mayor capacidad atencional y que esta, tal como afirma Mora (2013), es imprescindible para atender a cualquier estímulo (información externa) y poder aprender y consolidar a partir del contenido (experiencia) que plantea, es totalmente prioritario trabajarlo en las escuelas y fomentar actividades que permitan su mejora. Así, el ejercicio físico podría ser una de las actividades que permitiera producir la mejora de la capacidad atencional (hecho que validaría una parte de la hipótesis).

## 6. Prospectiva

Como consecuencia de los resultados que relacionan el ejercicio físico con las capacidades mentales, debemos atrevernos a pensar en otro método educativo. Una educación más motriz afinaría la plasticidad neuronal (sinapsis), la capacidad de aprender (motivación) y el desarrollo de las funciones ejecutivas.

**Figura 7.** Deporte y función sináptica cerebral.

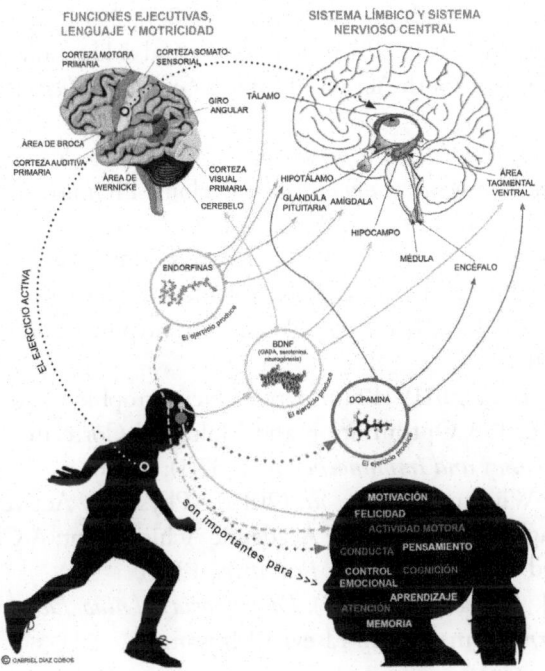

La previsión es realizar estudios de marcadores sinápticos a partir de la segregación de BDNF mediante la recogida de muestras de orina y saliva a cada participante (en el grupo experimental antes y después de realizar la actividad de ejercicio físico diaria). Esto permite modificar ligeramente tanto la hipótesis como los objetivos, con la finalidad de obtener unos resultados más precisos y relevantes, con el consiguiente impacto científico.

# Bibliografía

Chaddock, L. *et al.* (2010). «Basal ganglia volume is associated with aerobic fitness, hippocampal volume, and memory performance in preadolescent children». *Dev Neurosci*, 32(3): 249-2556.

De Saint-Maurice, P. F. (2013). «Validation and calibration of self-report methods: the Youth Activity Profile». *Graduate Theses and Dissertations*, 13381.

Guzmán, M. (2006). *Para pensar mejor. Desarrollo de la creatividad a través de los procesos matemáticos.* Barcelona: Pirámide.

Hillman, C. H., Pontifex, M. B., Castelli, D. M., Khan, N. A., Raine, L. B., Scudder, M. R., *et al.*. (2014). «Effects of the FITKids randomized controlled trial on executive control and brain function». *Pediatrics*, 134(4): 1063-1071. Disponible en: doi: http://dx.doi.org/10.1542/peds.2013-3219

Mandel, A. *et al.* (2011). «Brain-derived Neurotrophic Factor in Human Saliva: ELISA Optimization and Biological Correlates». *Journal of Immunoassay and Immunochemistry*, 32(1): 18-30.

Mullender-Wijnsma, M. J. *et al.* (2016). «Physically Active Math and Language Lessons Improve Academic Achievement: A Cluster Randomized Controlled Trial». *Pediatrics*, 137(3).

Narbona, J.; Soprano, A. (2007). *La memoria del niño. Desarrollo normal y trastornos.* Ámsterdam: Elsevier Masson.

# 20. EXPERIENCIA 10 – ¿POR QUÉ NOS EMOCIONA LA MÚSICA? UNA ACTUALIZACIÓN DE LA CUESTIÓN

— Salvador Oriola Requena
— Josep Gustems Carnicer

## Resumen

El objetivo principal de este trabajo consiste en exponer de forma divulgativa los datos más relevantes en cuanto a los procesos neuronales que se desencadenan con la emoción musical, es decir, qué ocurre en el cerebro cuando el estado emocional de una persona se altera a consecuencia de la escucha o la práctica musical. Pese a que existen zonas del cerebro especializadas en procesar la información musical, comprobaremos cómo este proceso se da de forma holística y se correlaciona con cambios significativos en la actividad del sistema autonómico, hormonal e inmune. Todo ello lo realizaremos a partir de la recopilación, análisis y organización de los resultados de diversos estudios científicos publicados a lo largo de las dos últimas décadas en libros, artículos y documentos. El hecho de ofrecer una visión general actualizada sobre la emoción musical y la neuroarquitectura puede también servir como punto de referencia para futuras investigaciones relacionadas con este ámbito.

**Palabras clave:** música, emoción, neuroarquitectura.

# 1. Introducción

La música implica la combinación global de toda una serie de parámetros (altura, duración, intensidad, textura, velocidad, timbre...) que se pueden organizar de infinitas formas siguiendo unas normas estilísticas predefinidas, algo parecido a lo que ocurre con el lenguaje (Patel, 2008). Las diferentes zonas del cerebro especializadas en la percepción de los sonidos serán las encargadas de interpretar estos impulsos, comparándolos con los recuerdos que tiene almacenados en la memoria para poder identificarlos. El presente trabajo tiene como fin conocer qué instrumentos se utilizan para observar dicho proceso neuronal y su correlación con el desencadenamiento de emociones, cómo se detectan las zonas cerebrales implicadas, cuáles son sus funciones y cómo se llevan a cabo.

# 2. Objetivos y metodología

Realizar un estado de la cuestión para comprender qué ocurre en el cerebro con la música emocional. Para ello, se ha realizado una síntesis conceptual a partir de la recopilación, análisis y organización de los trabajos científicos más relevantes de las últimas décadas con respecto a la emoción musical y a su procesamiento neuronal.

# 3. Marco teórico resultante

### Instrumentos, muestras y técnicas que se han empleado para la obtención de datos

La mayoría de los estudios que tienen como objetivo conocer la neuroarquitectura de la emoción musical se basan en el registro de la actividad cerebral a través de técnicas de neuroimagen y técnicas electrofisiológicas, entre las cuales destacan la tomografía por emisiones de positrones, la resonancia magnética funcional, la electroencefalografía y la magnetoencefalografía (Jauset, 2013).

La música está formada por un conjunto de elementos básicos (altura, intensidad, timbre, etc.), los cuales influyen en el estado emocional de las personas de formas diversas, pero en la gran mayoría de la población está demostrado que existen ciertos patrones músico-emocionales humanos universales, como, por ejemplo, la asociación generalizada que se establece entre la música rápida y en modo mayor con emociones positivas o, por otro lado la música lenta y en modo menor con respuestas emocionales de valencia negativa (Oriola y Gustems, 2016).

Para conocer cómo afecta la música emocional a las múltiples partes del cerebro, se han llevado a cabo estudios de diferente índole, como, por ejemplo: los participantes son expuestos a diferentes audiciones en las que se modifican los parámetros musicales de forma sistemática; se comparan resultados obtenidos entre personas con entrenamiento musical y un grupo control, o entre personas con entrenamiento musical extensivo y personas con entrenamiento musical intensivo; se utilizan resultados recopilados de población clínica con lesiones o disfunciones cerebrales (Juslin y Sloboda, 2010), etc.

### Zonas cerebrales que contribuyen a la emoción musical

Las regiones talámicas y subtalámicas son las encargadas de realizar un primer análisis de los parámetros básicos (tono, timbre e intensidad) que componen las señales acústicas captadas por el oído. Algunos estudios constatan cómo la variación de algunos de estos parámetros repercute en la actividad eléctrica talámica y son exteriorizados a través de respuestas corporales como escalofríos, cambios en la frecuencia cardíaca y respiratoria, etc. (Langer y Ochse, 2006).

La corteza sensorial auditiva es la zona encargada de analizar exhaustivamente los parámetros musicales y de transformarlos en la sensación musical final que se percibe, por lo que no es de extrañar que investigaciones como la llevada a cabo por Schlaug, Norton, Overy y Winner (2005) revelen que los niños que han recibido un entrenamiento musical tienen un mayor volumen cortical no solo en las áreas auditivas, sino también en las motoras y premotoras. Otros estudios (Plichta, Gerdes y Alpers, 2011) demuestran cambios significativos de activación en regiones de la corteza auditiva según sea la tipología musical propuesta (consonante, disonante, rápida, lenta, etc.). De ahí que se deduzca el papel primordial de esta zona en la discriminación de estímulos musicales emocionales.

El sistema límbico y el paralímbico son considerados como el epicentro de la actividad emocional, por lo que tienen un papel de especial relevancia en la evaluación del contenido emocional de la música. Por ejemplo, la percepción de una música valorada como negativa aumenta la actividad en la amígdala, frente a una música placentera, que la disminuye (Koelsch, 2010). Otra parte del sistema límbico es la corteza cingulada anterior, en la cual aumenta el flujo sanguíneo cerebral al percibirse música placentera (Blood y Zatorre, 2001). Como afirman Sel y Calvo (2013), todos estos procesos neuronales contribuirán de forma notable a la respuesta subjetiva de la emoción ante la música. Todo ello evidencia el potencial terapéutico de la música como tratamiento para reducir el estrés, mejorar el estado de ánimo, apaciguar el dolor, etc.

## 4. Conclusiones

Las aportaciones neurocientíficas expuestas, relacionadas con la identificación de las redes neuronales y la función cerebral general al percibir música, sirven como base referencial para conocer con mayor precisión cómo es la neuroarquitectura de la emoción musical y cómo esta puede repercutir de forma positiva en el desarrollo de competencias de tipo cognitivo y emocional; por ejemplo: en la mejora de los procesos creativos, en el incremento en resultados académicos, en la contribución al bienestar subjetivo, etc. Tal y como hemos visto en la exposición y análisis de todos los estudios expuestos, el fenómeno musical es un potente estímulo multisensorial en el que se activan e intervienen simultáneamente numerosos mecanismos cognitivos y neuronales; de ahí la importancia del uso de la música para investigar sobre las capacidades y funcionalidades del cerebro, especialmente aquellas relacionadas con los complejos procesos emocionales.

La dimensión emocional en la enseñanza de la música va paulatinamente adquiriendo relieve, pero todavía estamos lejos de organizar el currículum escolar a partir de datos como los presentados en este trabajo y que deberían orientar las buenas prácticas educativas musicales. Esperemos que tarde o temprano la didáctica de la música establezca los puentes necesarios para tal fin.

# Bibliografía

Blood, A. J.; Zatorre, R. J. (2001). «Intensely pleasurable responses to music correlates with activity in brain regions implicated in reward and emotion». *Proceedings of the National Academy of Sciences of the United States of America,* 98: 11818-11823.

Jauset, J. (2013). *Cerebro y música, una pareja saludable.* Madrid: Círculo Rojo.

Juslin, P.; Sloboda, J. (eds.). (2010). *Handbook of Music and Emotion.* Oxford: Oxford University Press.

Koelsch, S. (2010). «Towards a neural basis of music-evoked emotions». *Trends in Cognitive Sciences,* 14: 131-137.

Langer, G.; Ochse, M. (2006). «The neural basis of pitch and harmony in the auditory system». *Musicae Scientiae,* 10(1): 185-208.

Oriola, S.; Gustems, J. (2016). «El procés d'escoltar i produir música». *Temps d'Educació,* 50: 69-85.

Patel, A. D. (2008). *Music, language and the brain.* Nueva York: Oxford University Press.

Plichta, M. M.; Gerdes, A. B.; Alpers, G. W. (2011). «Auditory cortex activation is modulated by emotion: a functional near-infrared spectroscopy (fNIRS) study». *Neuroimage,* 55: 1200-1207.

Schlaug, G.; Norton, A.; Overy, K.; Winner, E. (2005). «Effects of music training on the child's brain and cognitive development». *Annals of the New York Academy of Sciences,* 1060: 219-230.

Sel, A.; Calvo-Merino, B. (2013). «Neuroarquitectura de la emoción musical». *Revista de Neurología,* 56: 289-297.

# 21. EL FUTURO DE LA NEUROEDUCACIÓN O ALGUNAS PREGUNTAS PARA FUTURAS RESPUESTAS

— Carme Trinidad
— Teresa Hernández
— Anna Forés

Hablar del futuro de la neuroeducación es solo un ejercicio de imaginación con UN cierto grado de utopía y de generación de posibilidades. O, como diría Lederach, «la capacidad de imaginar alguna cosa enraizada en los retos del mundo, pero que es capaz de hacer que nazca aquello que todavía no existe». Para ello, nos apoyamos no solo en la mirada de la neurociencia aplicada a la educación, sino también en el contexto y la rapidez de los cambios en la sociedad, propulsados por los avances tecnológicos que empujan o aceleran los procesos sociales y educativos.

En este capítulo final quisiéramos retomar las 6 W y plantear preguntas que nos ayuden a dibujar el futuro de la neuroeducación de forma integrada y aplicada al día a día de la educación presente y futura.

## 1. Por qué o para qué

El futuro viene con una imagen de fondo de inteligencia artificial, realidad aumentada, aplicaciones inteligentes, robots, *big data* y similares. Ante esta perspectiva de un mundo cada vez más tecnológico, ¿debería la educación ser más humanizadora?, ¿el desafío pasa por «rescatar» a la humanidad a través de la educación? Y, en un mundo cada vez con más inteligencia, saber, aprendizajes mediatizados..., ¿cuál es el papel de los docentes y educadores? ¿A más tecnología, más deshumanización? ¿Cómo reequilibrar el uso y la utilidad de las «máquinas» y la esencia humana? Las tecnologías se hacen cada vez más humanas, como, por ejemplo, los robots, y la educación tiende a tecnologizarse. ¿Dónde se van a encontrar estas dos tendencias?

La teoría parece estar clara: «En un mundo de máquinas inteligentes los humanos como colectivo no podemos permitirnos perder el talento, y hay que crear las condiciones adecuadas en cada país para que ello no pase, dotando a la educación de más opciones de personalización, de manera que se pueda empoderar a los niños a sacar partido de su talento y a aprender por sí mismos» (Cornella, 2019). La práctica deberá pasar necesariamente por volver a repensar y consensuar el por qué y el para qué de la escuela. En el nuevo contexto tecnológico, ¿cuál ha de ser su función?

Una de las funciones de la futura escuela será, sin duda, facilitar la desintoxicación y favorecer el pensamiento crítico. Es decir, trabajar para garantizar la fiabilidad de la información y la formación de ciudadanos capaces de cuestionar y transformar su realidad; un «clásico», pero en un nuevo contexto y con nuevas limitaciones y oportunidades.

La neuroeducación puede contribuir a esta función ayudando a validar científicamente aquello que funciona en educación y a la vez reivindicar o forzar a cambiar aquello que impide seguir mejorando (como la distribución de horarios o las asignaturas fijas, o pensar que a los estudiantes les caracteriza la homogeneidad). Asimismo, la neuroeducación nos puede dar elementos y evidencias que nos ayuden a saber y a repensar cuál debería ser la finalidad educativa, para seguir adaptando y reinventando el por qué o el para qué educamos.

## 2. Cómo

¿Cómo atender a la diversidad si sabemos que cada cerebro es único? El doctor Todd Rose, director del programa Cerebro, Mente y Educación de la Universidad de Harvard, nos dice en su último libro, *El fin del promedio*, que habla de la ciencia de la individualidad: «No existen los estudiantes promedio». Sin embargo, el sistema educativo de hoy está fundamentado bajo este supuesto del estudiante promedio. Desde el diseño de los libros escolares hasta los exámenes estandarizados y los modelos de evaluación uniformes y sesgados, se contribuye a expandir esta creencia. ¿Cómo educar en libertad y atendiendo a la diversidad?

Sabemos, ciertamente, que cada individuo es singular y requiere de una propuesta personal, de una personalización de los aprendizajes. El metaanálisis que John Hattie (2009) hizo en su investigación desde la Universidad de Auckland, en Nueva Zelanda, mostró lo importante que es que el estudiante se adueñe de su desarrollo, que tenga objetivos propios claros y que sepa que el aprendizaje es un proceso que precisa de acciones mentales para construir la comprensión.

Educar implica siempre una toma de decisiones, tanto de quien educa como de quien aprende. ¿Cómo saber escoger lo mejor en educación? ¿Decidimos nosotros o delegamos la toma de decisiones en otros? ¿Quién puede conocer mejor al estudiantado que nosotros mismos y ellos mismos? ¿Cómo debemos hacerlo para atender las singularidades? ¿Y cómo garantizamos la mejor elección para ellos? ¿O dejamos que ellos elijan?

Elegir siempre lleva consigo la pérdida de lo que no escogemos, pero ¿cómo podemos enseñar a ser críticos si nuestra praxis no implica ninguna reflexión crítica sobre cómo lo hacemos y sobre por qué hacemos lo que hacemos o dejamos de hacer?

Evidentemente, pensar es y representa un gran esfuerzo y mucha energía. Por eso, muchas veces delegamos el acto de tomar decisiones en otros (y hacemos lo que siempre hemos hecho, o lo que sugiere un libro de texto), en vez de crear propuestas didácticas ajustadas al alumnado. Pero, cuando cedemos esta decisión, también estamos cediendo nuestro pensamiento crítico respecto a cómo enseñamos y desde dónde enseñamos. Crear espacios para compartir experiencias de aprendizaje entre profesores, trabajar cooperativamente, repensar y mejorar constantemente ese *cómo*, ajustándolo a las nuevas necesidades y realidades personales y sociales, quizás sería lo deseable y lo más estimulador y motivador para liderar qué educación queremos.

## 3. Cuándo

Si el mundo y la sociedad están en constante cambio y, como ya dijo Darwin, las especies que sobreviven no son ni las más fuertes ni las más inteligentes, sino las que se adaptan mejor a los cambios, la educación ha de garantizar el aprendizaje constante y atender la flexibilidad cognitiva y la neuroplasticidad para seguir aprendiendo a lo largo de la vida.

Además, estamos en un nuevo contexto social en el que las realidades sólidas de tiempos anteriores se han desvanecido. Ya hace tiempo que hablamos de «sociedad líquida» o «modernidad líquida» (Bauman, 2008), en la cual los aprendizajes evolucionan y requieren de continuo cambio e innovación en las metodologías y pedagogías según las exigencias del momento y las características y perfiles de los nuevos estudiantes.

## 4. Dónde

Los espacios educativos ¿definen, limitan o favorecen procesos educativos? ¿Cualquier espacio facilita el aprendizaje? ¿Existen arquitecturas que favorezcan los aprendizajes?

La arquitectura, el diseño de espacios (la luz, el color de las paredes, su decoración, la distribución de los elementos, el mobiliario, etc.), influye o puede incidir en el aprendizaje, en las relaciones pedagógicas que se darán. También condiciona qué percepción de estudiante y profesor se tiene en el marco de ese entorno y cómo circulan las emociones y el bienestar entre los implicados. Si conocemos la importancia de la mirada en educación, debemos favorecer espacios para poder ver a cada una de las personas que están aprendiendo. Si sabemos de la importancia de la atención como puerta de entrada del aprendizaje, deberemos crear espacios y propuestas para que los estudiantes centren su atención. Si conocemos la importancia del movimiento para aprender, ¿por qué no diseñamos propuestas educativas relacionadas con él? ¿Qué lugar ocupa el cuerpo en educación? Y... ¿qué espacios virtuales debemos contemplar? Las experiencias corporizadas que el entorno nos brinda son entornos que posibilitan eventos que pueden ser experienciados, criticados, amados o debatidos (Ellsworth, 2005) por los estudiantes y profesores, ya sea física o virtualmente.

## 5. Quién

¿Quién gana en educación? ¿Qué deberíamos hacer para ganar todos? ¿Quién es el responsable de las políticas y las tendencias educativas? ¿Quién ha de divulgar los grandes avances de la educación?

Por suerte, haber hecho del estudiantado el centro de la educación nos ha llevado a construir nuevas formas educativas que se traducen en metodologías que han sido innovadoras y que han permitido mejorar el aprendizaje. Nos ha conducido, también, a la aparición de disciplinas como la neuroeducación o la neurodidáctica, que se interesan por cómo aprende el cerebro. Y nos ha provocado y nos provoca ser innovadores.

Lo que no debemos es situar la mirada en solo uno de los elementos de la tradicional tríada aprendiz-maestro-contenidos, sino situarla cual pirámide, dándole volumen, así como realizar (y permítannos la licencia lingüística y conceptual) una metamirada.

## Los contenidos

Los contenidos van a ser accesibles no solo porque estén en la red, sino también porque cada vez va a ser más fácil y atractivo acceder a ellos. Es suficiente con hacer un recorrido por la tecnología puntera y nos daremos cuenta de que la realidad virtual, las simulaciones y la interacción con los contenidos están a la vuelta de la esquina.

## El aprendiz

Cada día más sabemos más y mejor cómo aprende el alumno: cómo su cerebro, que es singular, crea redes nuevas de conocimientos y emociones, cómo toma las decisiones, cómo trabaja su memoria o cuán diferente es un cerebro infantil de uno adolescente, por ejemplo. Y disponemos de orientaciones para que ello se traslade al espacio de aprendizaje. Sabemos cada vez más cosas, aunque aún falta mucho por saber acerca de cómo aprendemos.

## El profesorado

Ahí está actualmente el reto. Se dice, y debe de ser cierto, que la tecnología va por delante de las personas, que los cambios son rápidos, que lo que nos sirve hoy mañana quizás ya ha cambiado. Además, como decíamos, la accesibilidad de los contenidos va a ser cada vez mayor. Entonces, ¿quién va a ser ese profesor del futuro? ¿Será un profesorado experto? Experto ¿en qué? Pues, como lo vienen siendo en todos los tiempos, un buen profesorado será experto en acompañar al estudiantado, al alumnado. Acompañarlo no solo dotándolo de criterio, sino también preparando espacios de aprendizaje personalizados, que sean realistas, que combinen competencias y no fragmenten contenidos. Espacios en los que se simulen o virtualicen entornos posibles. Y ¿cómo conseguir esto? Nadie puede saberlo todo, así que el camino más recto es la cooperación entre el profesorado.

El docente dejará de ser una persona que trabaja sola en el espacio educativo, porque esta será la forma en la que todos y todas ganaremos. La cooperación entre el profesorado, independientemente de la metodología usada, incide de forma significativa y positiva en el aprendizaje del alumnado. Si, además, el profesor trabaja realmente en equipo, será una persona con una alta competencia en inteligencia emocional, puesto que para cooperar se requiere de ella. Asimismo, sabrá gestionar y transformar el conflicto en oportunidades de crecimiento y tomará decisiones de forma argumentada, explicitada y crítica. Y, sobre todo, no se sentirá solo. Cooperar, además, produce endorfinas que generan placer, y esta motivación tiene una clara relación con el altruismo (Rilling *et al.*, 2002). Será la vía para poder crear esos espacios realistas en los que el alumnado aprenderá, donde las diferentes materias se integren, donde los recursos se multiplicarán. Y esas decisiones las debemos tomar los que cada día estamos ahí.

Así, «los quienes» (aprendiz y docente) ganarán. Y también ganará la comunidad, la familia, la sociedad. Es crucial divulgar, expandir las buenas prácticas, tomar consciencia e invitar a los políticos a escuchar a los protagonistas de los procesos de enseñanza y aprendizaje. Hacer que «aleteen las alas de la mariposa», pero esa es otra historia…

## 6. Qué

Hay una tendencia a leer titulares y pensar que ya sabemos sobre un tema, que con 144 caracteres la respuesta está ahí. A más rapidez, ¿menos profundidad? ¿Qué hay que enseñar? ¿Qué hay que aprender?

Si nos ceñimos estrictamente a responder qué se va a aprender, podríamos decir que lo mismo que se lleva aprendiendo desde tiempos inmemoriales: historias. Historias sobre el pasado, el presente y el futuro. Historias repletas de matemáticas, contextualizadas en un territorio, en un ámbito social. Historias sobre las personas, sobre quiénes somos, sobre cómo somos y podemos ser mejores y sobre qué hacemos. Historias sobre nuestras emociones y sobre los sentimientos de los demás. Historias narradas por otros que después contaremos a otros, y así construiremos nuestras propias narraciones. Y las historias requieren pausa, tiempo, escucha, silencio y diálogo.

Si bien es cierto que ahora parece ser que con los 144 caracteres ya tenemos la sensación de que conocemos algo, la realidad demuestra que esos 144 caracteres requieren de la respuesta de otros tantos para, al menos, existir y expresar. Y esa respuesta es la que ayuda en la construcción de las historias.

Si tomamos como guía cuáles deben ser las claves neuroeducativas del diseño didáctico (Forés, Guillén, 2017: 68 y ss.), vamos a encontrarnos con, entre otros, la atención, la memoria y las funciones ejecutivas (figura 8).

**Figura 8.** Atención, memoria y funciones ejecutivas.

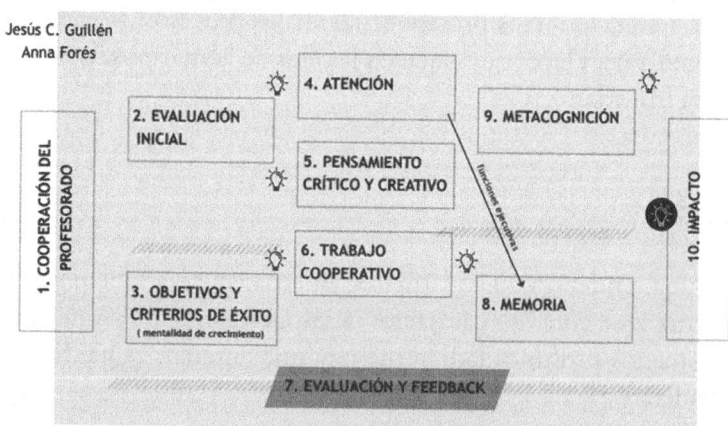

Los mensajes breves e impactantes son útiles para causar sorpresa (quizás) y captar y mantener la atención. Pero la atención es un recurso limitado, y eso que capta, para que sea aprendido, debe pasar a la memoria. Si no elaboramos cognitivamente esa información (Zajonc, 1980), si no la relacionamos con lo que ya conocemos y sabemos, si no sabemos si nos gusta o no, si tiene que ver con nosotros o no, si estoy de acuerdo o no y si puedo completar esa información, o mejor matizarla, si no puedo compartirla con alguien más y construir una historia, ese mensaje breve no pasará a ser aprendido.

Elaborar los mensajes es construir historias en las que se incorporan la reflexión, la controversia, los matices y la comunicación de todo ello. Y todo esto no lo podemos encontrar en 144 caracteres más una foto y un vídeo. Eso lo encontramos en los textos, en las bibliotecas (que serán digitales, de acuerdo), en las producciones culturales, en la música o en el deporte.

Y, utilizando la analogía del deporte, si solo doy cada día 144 pasos, algo haré, claro, pero no evolucionaré. Y aprender es evolucionar. La neuroeducación nos facilita seguir evolucionando si nos ponemos en camino. Placer, necesidad y curiosidad son tres agentes imprescindibles para aprender. Estos tres elementos están claramente relacionados y son el futuro de la neuroeducación.

Sabemos que nuestro cerebro busca el placer, que le gusta, así que el futuro educativo ha de diseñar circunstancias de aprendizaje en las que profesores y estudiantes se sientan en las mejores condiciones para aprender. Creando a partir de cada necesidad, personal, de escuela, de sociedad, de claustro... se abre una oportunidad de aprendizaje, de desafío, de provocación para aprender.

Se aprende estimulando la curiosidad y el pensamiento crítico, esenciales para seguir mejorando entre todos.

# Bibliografía

Bauman, Z. (2008). *Los retos de la educación en la modernidad líquida*. Barcelona: Gedisa.

Cornella, A. (2019). *Radical 6 reinventing humans*. Barcelona: Institute of Next.

Ellsworth, E. (2005). *Places of Learning. Media, Architecture, Pedagogy*. Nueva York: Routledge.

Forés, A.; Subias, E. (eds.) (2017). *Pedagogías emergentes*. Barcelona: Octaedro ICE-UB.

Hattie, J.; Learn, G. (2009). *Visible learning and the science of how we learn. A synthesis of 800+ meta-analyses on achievement*. Oxford: Routledge.

Lederach, J. P. (2008). *La imaginación moral. El arte y el alma de construir la paz*. Barcelona: Norma.

Rilling J.; Gutman D.; Zeh T.; Pagnoni G.; Berns G.; Kilts C. (2002). «A neural basis for social cooperation». *Neuron*, 18; 35(2): 395-405.

Rose, L. T.; Rouhani, P.; Fischer, K. W. (2013). «The science of the individual». *Mind, Brain, and Education*, 7(3): 152-158.

Zajonc, R. B. (1980). «Feeling and thinking: Preferences need no inferences». *American psychologist*, 35(2): 151.

# ANEXO I: VISUAL THINKING

— Iolanda Nieves de la Vega
— Lucía López (ilustraciones)

Como dice Garbiñe Larralde, la historia del pensamiento visual nace en las cavernas, y viaja a través del tiempo por los jeroglíficos del antiguo Egipto, los manuscritos religiosos y paredes de las iglesias de la Edad Media, los libros de notas y diarios de campo renacentistas, los libros ilustrados, las novelas gráficas, la publicidad y el grafiti hasta llegar hasta nuestros días.

Así, el pensamiento visual o Visual Thinking constituye una técnica que transforma pensamientos, ideas o conceptos en imágenes captando en las mismas la esencia del mensaje a transmitir al mismo tiempo que facilita su comprensión mediante la visualización estructurada de sus partes.

Lucía López fue la encargada de ver, entender, sintetizar y dibujar en directo la historia del I Congreso Internacional de Neuroeducación. En este capítulo nos acercamos a su mirada y a sus narrativas visuales. Sus historias nos permiten revivir, sentir y evocar la esencia del congreso y al mismo tiempo conectar de nuevo los vínculos entre el contenido de cada una de las ponencias, el marco general en el que se desarrolló el congreso y las experiencias vividas.

# Llegados hasta aquí, aprendamos: El placer de aprender

— ponencia de Anna Forés

# Los principios de la neuroeducación puestos en acción

— ponencia de Fabián Román

# Atención plena para aprender

— ponencia de Mauricio Conejo

# Somos diferentes, miradas inclusivas

— ponencia de Rosalba Gautreaux

# Hackeando la educación

— ponencia de José Ramón Gamo

# Jugar para aprender

— dinámica de Imma Marín y Esther Hierro

# Educarnos para educar

— ponencia de Rosa Casafont

# Propuestas prácticas desde Argentina

— ponencia de Victoria Poenitz

## Abriendo nuestra mente y nuestro corazón. Neuroeducación ¿Para qué?

— ponencia de Marta Ligioiz

# Cerebroflexia

— ponencia de David Bueno

# Neuroeducación en la práctica del aula

— ponencia de Jesús C. Guillén

# Atención-atención: rescatando lo mejor

— ponencia de Víctor M. Rivera

## Conclusiones

— ponencia de Marta Portero

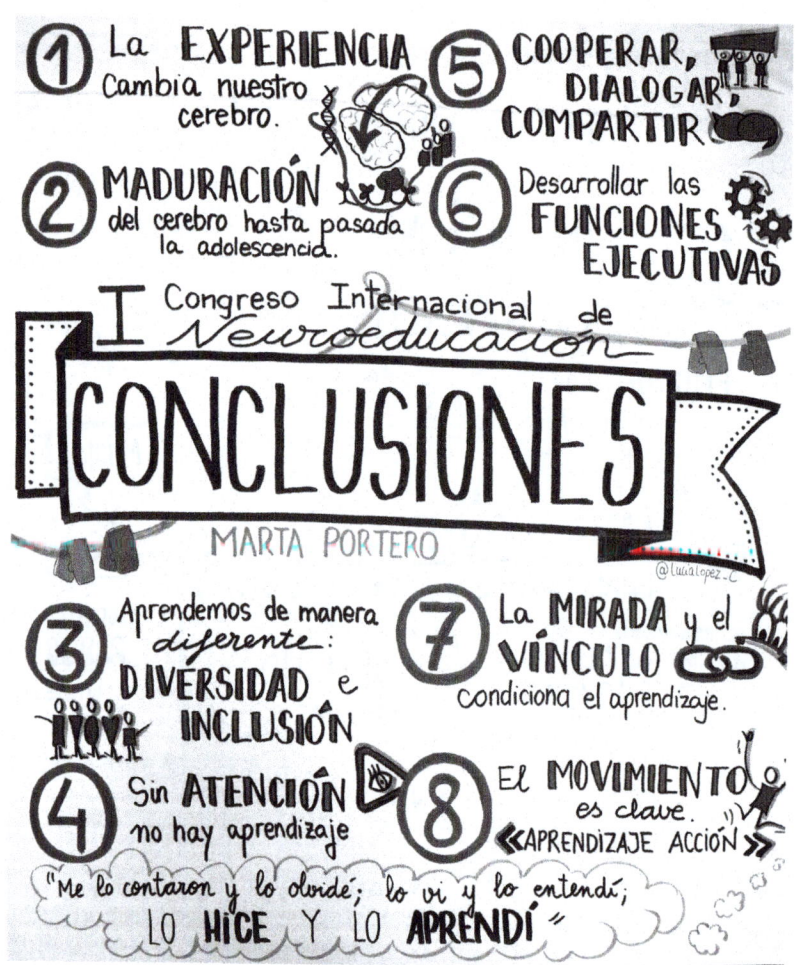

# ÍNDICE

**Prólogo** ............................................................. 11

**Presentación: El ágora de la neuroeducación** ................... 15

**1. Genes y plasticidad neural: educando el futuro** ............. 17
Resumen ............................................................ 17
1. Introducción .................................................... 19
2. El genoma humano ............................................. 20
3. La heredabilidad de las capacidades cognitivas ............... 21
4. Modificaciones epigenéticas: cómo el ambiente regula la
   función de los genes ........................................... 26
5. Conclusiones .................................................... 28
Bibliografía ......................................................... 29

**2. El desarrollo del pensamiento crítico y las funciones ejecutivas** 31
Resumen ............................................................ 31
1. Introducción .................................................... 32
2. Marco teórico ................................................... 34
3. Propuesta práctica .............................................. 36
4. Metodología: estudio de casos ................................. 36
5. Conclusiones .................................................... 39
Bibliografía ......................................................... 41

**3. Importancia del vínculo en el aprendizaje y calidad de
vida: nacidos para conectar y compartir** ....................... 43
Resumen ............................................................ 43
1. Introducción .................................................... 45
2. ¿Qué provoca el vínculo en nuestro cerebro y en el resto
   del cuerpo? ..................................................... 46
3. El vínculo, savia de la cooperación ............................ 48
4. ¿Cómo potenciamos el vínculo en el aula? .................... 51

5. Conclusiones ... 52
Bibliografía ... 53

**4. Neurodesarrollo y cognición moral: entre el origen y la cultura** ... 55
Resumen ... 55
1. Introducción ... 56
2. ¿Vendremos filogenéticamente preparados para distinguir entre el bien y el mal? ... 56
3. Conclusiones ... 60
Bibliografía ... 61

**5. El autoconocimiento nos proyecta a la acción saludable** ... 63
Resumen ... 63
1. Introducción ... 65
2. Fundamentos desde la neurociencia ... 66
3. El cambio es constante ... 66
4. El cambio saludable tiene una única dirección y un camino definido ... 67
5. Conclusiones ... 76
Bibliografía ... 77

**6. Neurociencia social en el aula: bases neurocognitivas para la interacción social** ... 79
Resumen ... 79
1. Introducción ... 80
2. Emociones y cognición social ... 81
3. ¿Qué es la cognición social? ... 83
4. ¿Cuáles son los subcomponentes de la cognición social? ... 84
    Procesamiento emocional ... 84
    Teoría de la mente (ToM) ... 85
    Percepción social ... 86
    Estilo o sesgo atribucional ... 86
    Empatía ... 87
5. Neurodesarrollo de la cognición social ... 87
Bibliografía ... 90

**7. El cerebro ejecutivo en el aula: de la teoría a la práctica** ...... 91
Resumen .................................................. 91
1. Introducción ............................................ 93
2. Funciones ejecutivas básicas ............................ 94
    Control inhibitorio ..................................... 95
    Memoria de trabajo ..................................... 95
    Flexibilidad cognitiva ................................. 96
3. En la práctica .......................................... 97
    Programas informáticos ................................. 97
    Programas de actividad física .......................... 98
    Programas de educación emocional ....................... 98
    Enseñanza bilingüe ..................................... 99
4. Conclusiones ............................................ 99
Bibliografía .............................................. 100

**8. Propuesta en acción 1 – Cognición matemática: de la evidencia científica a la práctica fundamentada** ................ 103
Resumen .................................................. 103
1. Introducción ........................................... 104
2. Procesos cognitivos específicos y generales ............ 104
3. Indicadores de desarrollo y estrategias fundamentadas .. 106
4. Conclusiones ........................................... 109
Bibliografía .............................................. 110

**9. Propuesta en acción 2 – El juego desde la perspectiva neuroeducativa: de la pedagogía Montessori a la gamificación educativa** ..................................... 113
Resumen .................................................. 113
1. Introducción ........................................... 114
2. La importancia de la narrativa según la neuroeducación . 114
3. El desarrollo cerebral con el juego .................... 115
4. Novedad y diversión en el juego ........................ 116
5. Gamificando y motivando ................................ 117
6. Neurotransmisores en la gamificación ................... 119
Bibliografía .............................................. 120

**10. Propuesta en acción 3 – La diferencia entre «no sé hacerlo» y «no sé hacerlo todavía»: herencia, entorno y mentalidad de crecimiento para el aprendizaje** .................. 123
Resumen ............................................................. 123
1. Introducción .................................................... 124
2. Creencias sobre la inteligencia ........................ 125
3. Mentalidad fija y mentalidad de crecimiento ... 126
4. Conclusiones .................................................. 131
Bibliografía .......................................................... 133

**11. Experiencia 1 – La educación musical mejora la fluidez y la comprensión lectora: estudio de correlación entre ritmo y lectura en niños de 11-12 años** ............................ 135
Resumen ............................................................. 135
1. Introducción .................................................... 137
2. Objetivos ........................................................ 138
3. Metodología .................................................... 139
    Muestra .......................................................... 139
4. Instrumentos .................................................. 139
5. Resultados ..................................................... 140
6. Conclusiones .................................................. 142
Bibliografía .......................................................... 143

**12. Experiencia 2 – Promoviendo la igualdad y trabajando las funciones ejecutivas: los «clubs del patio»** ................... 147
Resumen ............................................................. 147
1. Introducción .................................................... 149
2. Origen de la experiencia, objetivos relacionados con la neuroeducación y agentes implicados .......... 151
3. Metodología de los clubs del patio .................. 152
    Participantes .................................................. 152
Temáticas ........................................................... 153
    Espacios y procedimientos ............................ 153
    Objetivos ........................................................ 154
    Entrenamiento de las funciones ejecutivas ... 155

Seguimiento y valoración ........ 157
4. Conclusiones ........ 158
Bibliografía ........ 160

**13. Experiencia 3 – Un cambio de mirada: neurociencia y escuela activa** ........ 161
Resumen ........ 161
1. Introducción ........ 162
2. Fundamentos neuroeducativos ........ 163
3. Objetivos ........ 164
4. Metodología ........ 165
    Juego ........ 165
    Emoción ........ 165
    Pensamiento crítico y divergente ........ 166
    Confianza ........ 166
    Gestión del espacio ........ 166
    Gestión del tiempo ........ 167
    Grupos de referencia ........ 167
5. Conclusiones ........ 168
Bibliografía ........ 170

**14. Experiencia 4 – ESCORED como herramienta en línea de colaboración docente** ........ 171
Resumen ........ 171
1. Introducción ........ 172
2. Fundamentos neuroeducativos ........ 173
3. Objetivos ........ 174
4. Metodología ........ 174
5. Conclusiones ........ 176
Bibliografía ........ 177

**15. Experiencia 5 – Actividad física y funciones ejecutivas durante la infancia desde una perspectiva educativa** ........ 179
Resumen ........ 179
1. Introducción ........ 180

2. Relación entre funciones ejecutivas, actividad física y
rendimiento académico ... 181
3. Aportaciones al contexto educativo ... 183
4. Conclusiones ... 184
Bibliografía ... 185

**16. Experiencia 6 – El trabajo de la autoestima y los valores en el aprendizaje basado en proyectos en Secundaria** ... 187
Resumen ... 187
1. Introducción ... 188
2. Fundamentos neuroeducativos ... 188
3. Objetivos ... 189
4. Metodología ... 189
5. Conclusiones ... 190
Bibliografía ... 191

**17. Experiencia 7 – «Esquitxant neurociencia»: una experiencia desde la neuroeducación con familias en situación de vulnerabilidad en el Casc Antic de Barcelona** ... 193
Resumen ... 193
1. Introducción ... 194
2. Fundamentos neuroeducativos ... 195
3. Objetivos ... 196
4. Metodología ... 197
5. Conclusiones ... 200
Bibliografía ... 202

**18. Experiencia 8 – El rol del profesor dentro de la perspectiva de la neuroeducación** ... 203
Resumen ... 203
1. Introducción ... 204
2. Fundamentos neuroeducativos ... 204
3. Objetivo ... 206
4. Metodología ... 206
5. Conclusiones ... 207

Bibliografía .................................................. 208

**19. Experiencia 9 – Deporte y función sináptica neuronal: «moverse y pensar», influencia del ejercicio físico en la atención, la memoria y el cálculo en alumnos escolares de 6 y 7 años** .................................................. 211
Resumen .................................................. 211
1. Introducción .................................................. 213
2. Objetivos .................................................. 214
    Objetivo general .................................................. 214
    Objetivos específicos .................................................. 214
3. Análisis de datos .................................................. 214
    Instrumentos de recogida de datos .................................................. 214
    Proceso de análisis de datos .................................................. 215
4. Metodología .................................................. 215
5. Conclusiones .................................................. 216
    Ejercicio físico y cálculo mental .................................................. 216
    Ejercicio físico y atención .................................................. 217
6. Prospectiva .................................................. 218
Bibliografía .................................................. 220

**20. Experiencia 10 – ¿Por qué nos emociona la música? Una actualización de la cuestión** .................................................. 221
Resumen .................................................. 221
1. Introducción .................................................. 222
2. Objetivos y metodología .................................................. 222
3. Marco teórico resultante .................................................. 222
    Instrumentos, muestras y técnicas que se han empleado para la obtención de datos .................................................. 222
    Zonas cerebrales que contribuyen a la emoción musical .................................................. 223
4. Conclusiones .................................................. 224
Bibliografía .................................................. 226

**21. El futuro de la neuroeducación o algunas preguntas para futuras respuestas** .... 227
1. Por qué o para qué .... 227
2. Cómo .... 229
3. Cuándo .... 230
4. Dónde .... 230
5. Quién .... 231
    Los contenidos .... 232
    El aprendiz .... 232
    El profesorado .... 232
6. Qué .... 233
Bibliografía .... 236

**ANEXO I: Visual Thinking** .... 237